LE FASCISME ET LES CATHOLIQUES

Piero MISCIATTELLI

LE FASCISME ET LES CATHOLIQUES

Traduit de l'italien par D. A. TOLEDANO

Reconquista Press

Publié initialement en italien sous le titre *Fascisti e Cattolici* par Imperia (Milan) en 1924 puis en français sous le titre *Le Fascisme et les Catholiques* chez Social Éditions (Paris, Bruxelles) en 1928.

Couverture :
La Madonna del manganello, protectrice des fascistes

ISBN : 978-1-912853-01-4

PRÉFACE

LES ARTICLES réunis dans ce livre furent publiés pour la plupart dans le *Giornale di Roma* de mai à juillet 1923, au plus fort de la bataille menée par les populaires[1] contre le gouvernement fasciste.

Ils visent à mettre en lumière l'idéal politique nouveau qu'apporte le fascisme et à réfuter les préjugés démocratiques ; ils veulent également toucher, en un rapide exposé, quelques points fondamentaux de la doctrine sociale du catholicisme conforme à l'esprit de la tradition séculaire de Rome, tradition qui semble oubliée ou ignorée par les populaires extrémistes dont l'esprit est désormais asservi aux dogmes soi-disant éternels de la social-démocratie.

Tout le monde connaît les épisodes de la dernière bataille politique livrée contre le gouvernement par la défunte législature et préparée par les populaires sur le terrain d'une réforme de la loi électorale ; elle visait en réalité à fausser les rapports entre l'Église et l'État fasciste, en essayant de mettre dans la conscience des catholiques italiens un désaccord violent et irrémédiable entre leurs doctrines religieuses et morales et l'idéal politique du fascisme.

---

[1] Membres du Parti populaire italien (PPI), parti politique démocrate-chrétien fondé (en 1919) et dirigé par l'abbé Luigi Sturzo. (NDÉ)

Écrits sur un ton de polémique, ces articles ont fait du bruit dans le camp des catholiques ; ils ont surtout suscité les protestations de certains journaux évangéliques qui me taxèrent naturellement d'obscurantisme à cause de mon aversion non dissimulée contre les doctrines démocratiques et modernistes du parti de don Sturzo.

Tout le monde sait que le mot « obscurantisme » est marqué au coin du plus pur esprit démocratique. Affirmer une vérité qui, pour être antique, n'en est pas moins une vérité, soutenir qu'elle pourra briller encore à l'horizon, lorsque le vent aura dissipé les nuées, c'est déplaire et presque faire offense aux missionnaires de la moderne démocratie. En conséquence, vous êtes traité de réactionnaire ; votre pensée est perdue dans les épaisses ténèbres de l'obscurantisme qui, pour les démocrates, recouvre les siècles glorieux de l'histoire d'Italie.

La conscience de bien des catholiques ne tarda pas à se soulever contre l'attitude politique des populaires. L'auteur de ces pages recevait chaque jour de tous les coins de l'Italie et même de l'étranger de nombreuses lettres marquant un accord profond avec toutes les idées qu'il exprimait.

Un groupe de catholiques romains composé d'hommes universellement connus et estimés dans la capitale, parmi lesquels certains avaient rempli des charges importantes dans la vie publique, voulurent exprimer publiquement leur pensée et faire connaître leur adhésion totale à l'œuvre du gouvernement, dans toute la sincérité de leur conscience de catholiques et d'Italiens. Ils imprimèrent un manifeste et le firent apposer sur les murs de Rome ; ce manifeste fut largement répandu et commenté dans toute l'Italie ainsi qu'à l'étranger[2] et ce fut là l'un des premiers symptômes d'une plus forte réaction des catholiques italiens contre les démagogues populaires.

---

[2] On peut lire à l'appendice le texte de cet appel.

Après la défaite subie au Parlement par les partis de l'opposition, les événements se précipitèrent et le front du Parti populaire italien commença à s'effriter. Don Sturzo résigna son poste de secrétaire politique du parti ; de notables parlementaires et d'éminentes personnalités démissionnèrent du parti ; enfin, un schisme se produisit dans les journaux.

Aujourd'hui, tandis que l'Italie renouvelle les éléments de sa représentation populaire, le parti de don Sturzo resserre les rangs ; il reprend courage et se voit appuyé de tous les mécontentements et de toutes les désillusions des autres partis sociaux-démocrates, déjà renversés par l'élan des phalanges nationales. Ces gens-là rêvent la revanche future. Dans certaines régions d'Italie, le Parti populaire avait poussé de profondes racines et s'était acquis de nombreux partisans, en particulier parmi les curés de campagne, gens simples, qui s'étaient laissés étourdir par les fumées de certains sermons évangélico-socialistes.

Les populaires espèrent encore brandir au-dessus des masses l'écu avec la croix, où, frappante antithèse de la discipline catholique, se détache l'emblème libertaire[3]. Ils voudraient perpétuer l'équivoque.

Il faut que tous les catholiques s'efforcent de la confondre et de la dissiper.

J'espère que ces pages, écrites sous une forme simple pour être comprises de tous, pourront encore être lues avec quelque intérêt et non sans quelque profit.

Rome, mars 1924.

P. M.

---

[3] Le PPI avait pour emblème un écu avec une croix sur laquelle figurait le mot « *LIBERTAS* ». (NDÉ)

LES CATHOLIQUES DANS LA VIE NATIONALE DE L'ITALIE, DU RISORGIMENTO AU FASCISME[1]

Dante, le plus italien d'entre les Italiens et le plus romain d'entre les catholiques, met en Dieu la source de toute puissance. Ses œuvres politiques et sa *Divine Comédie* montrent de manière lumineuse comment les gardiens et défenseurs de la Croix et de l'Aigle, c'est-à-dire la foi et la justice, doivent faire le bonheur des peuples : leur tâche vise à harmoniser l'œuvre commune de ces peuples dans leurs différentes sphères d'activité.

Les conceptions politiques et religieuses de Dante portent le germe fécond de cette vérité italienne et catholique ; entrevue à l'époque du Risorgimento, parmi les nuées de l'idéologie libérale régnant alors, elle a mûri au prix de douloureuses luttes où s'affrontèrent les hommes et les idées. Avec le triomphe du fascisme, elle a atteint son plein épanouissement dans les consciences sincèrement dévouées à la cause de la religion et échappées à la contagion des doctrines démocratiques et socialistes.

Le dogme n'a jamais prétendu que le pouvoir temporel fût nécessaire à la papauté pour remplir en toute liberté sa mission religieuse dans le monde ; mais l'Église s'est toujours réclamée de cette doctrine que le pouvoir civil doit garantir la liberté

---

[1] Ce chapitre ne figurait pas dans l'édition originale italienne. (NDÉ)

nécessaire à l'autorité ecclésiastique, et favoriser également le développement de sa vie spirituelle.

La nécessité de la distinction — chose bien différente de la séparation — entre l'Église et l'État est apparue clairement à un grand nombre de catholiques italiens du Risorgimento, fidèles à la tradition de la pensée de Dante et brûlant d'amour pour la patrie. Ils n'ignoraient pas combien les grands saints de l'Église s'étaient montrés profondément contristés des excessives préoccupations temporelles de quelques pontifes, et combien ils répugnaient à confondre les choses de la terre et les choses du ciel. Les catholiques du mouvement unitaire furent libéraux, dans le sens le plus hautement généreux et humain du mot. Libéralisme n'était pas alors synonyme d'agnosticisme religieux, et encore moins d'anticatholicisme ; le libéralisme représentait le levain frais et vivant d'une nouvelle civilisation chrétienne commençant sous d'heureux auspices pour l'Italie renaissante, dont le plus grand poète fut Alessandro Manzoni. Dans son ouvrage intitulé *Les Espérances de l'Italie*, qui, l'un des premiers et l'un des plus vibrants, sonna le réveil de notre unité, Cesare Balbo définit ainsi le sens profond et véritable du libéralisme : « Libéral est un mot antique, latin ; comme il l'indique, il s'appliquait aux arts, aux sentiments, aux idées propres aux hommes libres ; c'était le contraire de servile. » « Charité et libéralisme, ajoutait-il, sont deux mots désignant la même vertu. »

Les catholiques italiens comptèrent parmi les défenseurs les plus acharnés de justes réformes dont ils ne recherchaient pas l'origine dans les principes posés par la Révolution française, mais bien aux sources mêmes de l'Évangile. Ils voulaient la contribution commune de presque toutes les classes à l'activité publique ; ils voulaient le rapprochement des classes et l'égalisation des conditions sociales ; l'accès de tous aux tribunaux et à la justice publique ; l'ouverture des voies commerciales de nation à nation ; un équitable aménagement de la liberté politique et du droit de libre discussion sur les manifestations actives de la vie civile ; et au-dessus de tout, la reconnaissance et l'affirmation du droit des peuples à se constituer en nations.

Les catholiques italiens dédaignaient d'agir dans l'ombre ; c'est en pleine lumière qu'ils posèrent les solides et nobles fondations de l'édifice national. Leur pensée politique trouve son développement et son épanouissement dans les années de l'héroïque épopée, c'est-à-dire entre 1819 et 1855, et s'exprime par une série d'écrits, œuvres d'esprits enflammés par l'amour de la patrie et unis par une commune foi. Cette pensée eut ses martyrs dans les lieux d'exil, dans les prisons et sur les gibets.

Manzoni et d'autres catholiques collaborèrent au *Conciliateur*, journal conçu en 1819 par le comte Porro et le comte Confalonieri dans le but d'unir les esprits les plus forts en un pacte d'alliance contre l'étranger ; deux ans plus tard, Manzoni publie l'*Adelchi* où, comme dans le *Chant de Legnano* et ensuite dans les *Fiancés*, il élève une vigoureuse protestation contre la domination étrangère en Italie.

En octobre 1820, c'est l'arrestation de Silvio Pellico. Les souffrances qu'endure dans les geôles autrichiennes le martyr du Spielberg font mûrir sa foi en Dieu, d'où naquit plus pur encore son espoir dans les destinées de la patrie. Quand *Mes Prisons* furent publiées, l'Autriche, ainsi que l'a dit Sismondi, fut ébranlée comme par un autre Marengo. Silvio Pellico apparut aux yeux de l'Europe civilisée comme le vivant et douloureux symbole du pays martyrisé par l'Autrichien.

C'est donc à juste titre que Vincenzo Gioberti dédia à Pellico son ouvrage sur *La Supériorité morale et civile des Italiens*, où il a dépeint, comme lui seul savait le faire, nos misères et nos gloires, et où il a posé ce principe : la renaissance politique ne pourra sortir que de la renaissance morale. Le premier grand livre de notre délivrance fut dédié à Pellico, qui personnifiait aux yeux de Gioberti l'amour de la patrie et la foi religieuse, confondus dans une seule et fière pensée italienne. À son tour, Cesare Balbo, en 1843, dédia à Vincenzo Gioberti son ouvrage sur les *Espérances de l'Italie*, qui s'attaque délibérément à la question de la domination autrichienne. Comme on le sait, ces écrits eurent une influence considérable sur les jeunes, dont ils éveillèrent l'enthousiasme belliqueux ; ils rallièrent de nombreux ecclésiastiques à la nécessité des réformes demandées ; la *Supériorité des Italiens* valut à Gioberti les éloges du nonce à Bruxelles, le futur Léon XIII ; quand le cardinal Mastai[2] vint à Rome pour le Conclave, il emporta les *Espérances de l'Italie.*

Les idées des catholiques nationaux furent soudain battues en brèche par les rétrogrades et les sectaires mazziniens. Dès le début du Risorgimento se dessinèrent deux conceptions spirituelles de l'unité italienne, marquées par une antinomie fondamentale et irréductible : la première, catholique, fédéraliste, puis monarchique ; et la seconde, républicaine, qui eut son apôtre en Mazzini et comme devise : « Dieu et le Peuple ». Mais il faut remarquer que les termes « Peuple » et « Dieu » devinrent plus tard les deux mots d'ordre de l'anticléricalisme maçonnique, également hostile au trône et à l'autel, par révérence pour les principes de la Révolution française.

Homme de son temps — il vécut en plein romantisme — Gioberti ne fut certes pas à l'abri des erreurs nées d'un culte ardent pour certaines théories libérales alors en faveur. Mais le chapitre qu'il dédie dans le *Renouvellement civil de l'Italie* aux fausses doctrines démocratiques est riche d'observations très pénétrantes qui restent encore aujourd'hui pleines de vérité et d'actualité et qui méritent d'être méditées. Il a bien indiqué, par exemple, comment la plus grande partie des erreurs qui corrompent les doctrines des partis populaires et dans lesquelles nous voyons plus ou moins embourbés les démocrates d'aujourd'hui n'ont pas vu le jour en Italie, mais au-delà des Alpes. La démocratie reconnaît en Jean-Jacques Rousseau son fondateur ; de cette idole des démocrates, Gioberti trace le portrait suivant : « Admirateur plus que connaisseur de l'antiquité ; peu versé dans l'histoire ; faisant son étude de l'individu, mais habitué à le considérer plutôt à la lumière de l'imagination qu'à celle de la raison ; ennemi des lettres par désir de paradoxe, ennemi de

---

[2] Futur Pie IX. (NDÉ)

la société et de la culture à cause des malheurs de son existence et par besoin de vengeance ; il fonda l'organisation de la cité sur une convention arbitraire ; il investit la majorité du souverain pouvoir ; il prépara les voies à la tyrannie de la plèbe ; il jeta les premiers germes (quoique encore cachés) du socialisme extrémiste et du communisme, et il prépara, de loin, les désordres qui vicièrent et corrompirent les révolutions suivantes. »

« La souveraineté du peuple comprise d'une manière absolue et la toute-puissance du plus grand nombre, remarque Gioberti, c'est au fond la consécration du droit des Vandales et des Ostrogoths. La toute-puissance populaire et parlementaire est aussi absurde que le droit divin que s'attribuaient les princes et que la souveraineté que le despotisme oriental et le vieux droit impérial confèrent au peuple et à ses représentants. » Gioberti considérait comme un sophisme que la liberté ne doive pas avoir de limites et soit le but de la société civilisée. « Ceux qui professent ce principe confondent l'idée de la liberté avec celle du bien proprement dit, qui seul constitue une fin en soi et ne peut donner lieu à des excès. La liberté, de sa nature, est un instrument et un moyen : lorsqu'elle tombe aux mains d'une puissance qui peut aboutir au bien comme au mal, et dont la valeur dépend de ses moyens de réalisation ou de l'objet auquel elle s'attache, la liberté a besoin de règles qui la limitent. »

Dans la conception catholique de Gioberti, la liberté et l'autorité sont deux entités parallèles qui doivent être unies pour réaliser leurs fins. L'une est la source de progrès qui développe les puissances sociales ; l'autre est la gardienne qui les conserve. Et il ne faut pas croire qu'autorité et liberté doivent toujours avoir la même commune mesure et se contrebalancer tour à tour par le jeu d'un exact équilibre. Touchant la liberté extérieure et intérieure, l'action d'un gouvernement n'est pas une question de théorie, mais de pratique : « il faut tenir compte du pays, de l'époque, des circonstances, et par-dessus tout, du degré de civilisation atteint ».

La liberté absolue dégénère en une domination despotique, d'autant plus intolérable qu'au gouvernement faible d'un seul ou de plusieurs — gouvernement généralement adouci par l'opinion publique et l'habitude du commandement — succède souvent la tyrannie cruelle et capricieuse de factions plus passionnées et plus entreprenantes. Dans certains cas, il faut la dictature. Gioberti n'a pas le fétichisme de la liberté. Voici ce qu'il écrit : « Dans des moments exceptionnels, il faut la volonté forte et sûre d'un seul homme. Le suffrage de la majorité ne veut rien dire : au lieu d'accomplir la résurrection de l'Italie, il pourrait bien la réduire à néant, si l'on se représente de quel bon sens sont capables les hommes dont ce suffrage serait l'émanation. » Et il ajoute : « Il n'y a pas un seul exemple d'un peuple qui ait pu renaître et triompher d'énormes obstacles au moyen de délibérations et de parlottes : tous ont dû leur salut à l'inspiration individuelle et à la dictature. »

Gioberti est l'homme à qui revient principalement le mérite d'avoir posé et développé la doctrine du nationalisme italien ; il est le philosophe et l'homme d'État qui a nettement pris position contre tout ce qui touchait au clergé et à ses empiétements sur les affaires civiles, mais sans se laisser tourner la tête par les billevesées démocratiques. Lui qui d'ailleurs fut le témoin oculaire d'événements historiques, il ne reconnaît pas au peuple le mérite d'avoir contribué à l'œuvre de rédemption nationale. « Le Risorgimento, a-t-il écrit, fut aristocratique par essence, bourgeois en apparence, et populaire en aucune manière. » Ce jugement ne souffre pas de démenti, et aujourd'hui il est communément accepté par les historiens.

La sagesse des gouvernants consiste à alimenter et à diriger le flot des bons enthousiasmes populaires pour le bénéfice des grandes ambitions nationales, sans donner à ces enthousiasmes une trop grande importance ni surtout fonder leur propre autorité de gouvernants sur la capricieuse faveur populaire.

★ ★ ★

Il y a lieu de mettre en lumière l'opposition que je signalais plus haut entre les deux premiers courants unitaires de notre

Risorgimento : le courant venu de Gioberti et le courant catholique démocratique de Mazzini. Nous rappellerons ce que Gioberti, esprit libre qui ne saurait être taxé le moins du monde de cléricalisme, même par les anticléricaux, a écrit et pensé, en 1851, de Mazzini, chef des républicains : « Cet homme, né pour la ruine de l'Italie, est possédé d'un orgueil démesuré... L'échec de ses entreprises pendant l'espace de quinze ans, le résultat malheureux de la ridicule affaire de Savoie, les si nombreux sacrifices inutiles de vies humaines, les multiples tentatives qui n'ont réussi qu'à nuire à notre cause, tout cela n'a pas suffi à le guérir. Quand un mouvement politique promettait à la pauvre Italie des jours meilleurs, il n'y prenait part que pour le faire échouer : s'il avait eu le moindre jugement et le moindre amour pour son pays, il aurait dû s'abstenir, et ne pas troubler le mouvement constitutionnel par d'intempestives menées républicaines. De fait, quand je le rencontrai pour la première fois à Paris vers la fin de quarante-sept, il me déclara que telles étaient ses intentions. Mais ses paroles étaient si sincères que dans le même temps il exhortait en secret ses partisans à profiter de l'agitation alors en cours, et à la faire tourner à l'avantage de la Jeune Italie, adversaire de toute monarchie ; cela aux cris de : "Vive le duc de Toscane, vive Charles-Albert, vive Pie IX." Peu après éclata la révolution de février ; la guerre nationale commença en Italie. Mazzini se rendit en Lombardie et y créa un mouvement qui, par la presse, par les cercles, par les cénacles, sema la méfiance vis-à-vis du Piémont et s'employa sans relâche à en discréditer et à en calomnier le roi et l'armée. Je le revis à Milan ; je le trouvai non seulement loin de professer ces principes de modération qu'il avait exprimés en France, mais loin d'en faire étalage. On ne peut le justifier en disant qu'il espérait peu ou prou de l'entreprise de Charles-Albert ; car son désespoir s'appliquait à tout, alors qu'en pareil cas, il aurait dû lever au grand jour le drapeau de la République. Ce n'est pas ce qu'il fit ; mais alors, plus l'entreprise du Roi de Sardaigne risquait d'échouer, plus il aurait dû éviter tout mouvement, toute intrigue, toute parole qui eût pu lui nuire et l'entraver... »

Ces paroles empreintes d'un ressentiment passionné ne sont pas en contradiction avec la vérité des faits.

Les obscures machinations de Mazzini contre Charles-Albert, au moment où ce roi généreux livrait la première guerre pour l'indépendance de l'Italie, ne trouveront jamais leur justification devant l'histoire. Pas plus que ce n'étaient les premières, ce ne furent les dernières. Pour celui qui lit, pour celui qui se rappelle certaines pages du poète Mazzini, empreintes d'un merveilleux lyrisme (ce fut surtout un grand poète), il devient presque impossible de comprendre que Gioberti puisse l'avoir appelé « homme né pour la ruine de l'Italie ». Quand Gioberti, entre 1850 et 1851, lançait un jugement aussi sévère contre le conspirateur, il prévoyait, tout en les redoutant, les conséquences néfastes que pouvaient avoir, pour la cause de l'unité, les irréductibles préjugés républicains de Mazzini.

Gioberti mourut en 1852, alors qu'à l'horizon national, encore sombre et plein d'inconnu, montait l'astre de la politique savoyarde et italienne : le comte Camillo de Cavour, l'homme qui devait faire passer dans la réalité les aspirations des patriotes, au milieu d'obstacles intérieurs et extérieurs si formidables que son œuvre semble véritablement tenir du miracle.

Le plus grand et le plus implacable adversaire de Cavour, ce fut Giuseppe Mazzini. Pour sacrifier à ces préjugés républicains que Garibaldi n'hésitait pas à appeler « mazzineries », le conspirateur, comme en quarante-huit, se déclara nettement opposé à la grande guerre libératrice de cinquante-neuf. Il chercha par tous les moyens à faire échouer le plan diplomatique de Cavour, ne voulut pas prendre part à la guerre, et resta à Londres ; et lorsqu'il vit ses meilleurs amis l'abandonner, il donna à la cause une adhésion tardive et purement formelle, dans laquelle il déclarait que ce serait une offense pour le Piémont si les Italiens l'acceptaient jamais comme maître.

C'était abaisser le roi du Piémont au niveau d'un conquérant étranger. Cette attitude véritablement antinationale de Mazzini, déterminée en lui par un orgueil stérile et une foi obstinée en une idée abstraite, humanitaire, franc-maçonnique, explique et justifie en une certaine mesure le jugement de Gioberti, disant que le révolutionnaire génois était capable de ruiner l'Italie.

Triomphant de l'opposition de Mazzini, le génie diplomatique de Cavour devait créer le nouveau royaume et assurer à l'Italie cette unité politique qui lui avait été promise et prédite, par Gioberti dans sa forme catholique et romaine, par Mazzini dans sa forme républicaine et maçonnique.

Entre 1851 et 1858, tandis que Cavour commençait à tisser la trame de sa politique internationale, s'inscrivait dans le sang la plus belle page de la foi religieuse italienne ; en tête de cette page, on lit ce nom : Belfiore. Voici comment Luigi Martini, dans le *Confortatorio di Mantova*, parle des onze martyrs voués au gibet par les Autrichiens : « En eux était puissant l'amour de la patrie comme était divine la force de la religion ; leur esprit y trouva sa noblesse, et leur cœur, son réconfort. »

Le héros le plus pur et le plus intrépide, le chef de la conjuration de Mantoue, don Enrico Tazzoli était un prêtre. La clé du langage chiffré qu'il composa pour correspondre avec ses compagnons était formée des mots du « *Pater Noster* », la sublime prière du Christ. L'immonde délateur, le Judas de ces apôtres de l'idée unitaire, fut Luigi Castellazo, l'homme qui plus tard occupa une des plus hautes charges de la franc-maçonnerie italienne et qui n'eut pas honte de jouer à l'anticlérical après avoir trahi, avec son pays, le sang d'Enrico Tazzoli et de l'archiprêtre Grazioli.

On peut dire que dans les premières années de notre Risorgimento, la foi en Dieu alluma et alimenta la foi dans la rédemption de la Patrie.

Au début de son pontificat, Pie IX fut, parmi les princes italiens, le premier et le généreux promoteur du principe de l'unité italienne. Sur le drapeau pontifical apparurent en quarante-huit les trois couleurs italiennes, l'emblème symbolique de la patrie à racheter, avant même qu'elles n'apparurent sur les étendards du roi Charles-Albert ; et l'Italie tout entière retentit des hymnes à la « sainte bannière que leva le vicaire du Christ ». C'est en son nom que fut prêchée la croisade contre l'Autriche. Mais Pie IX n'eut pas le courage de déclarer la guerre à l'Autriche : chez cet homme au cœur bon et impulsif, chez ce pape libéral dans le sens chrétien du mot, le prince patriote et le vicaire du Christ, père de tous les fidèles, vinrent à se trouver en conflit, par une crise de conscience soudaine et tragique. Pie IX ne se rendit pas compte qu'il était le symbole d'aspirations incompatibles avec l'existence de la puissance temporelle, d'où l'échec du programme de la confédération italienne, conçu par Gioberti. Suivant la logique de ses propres actes et de ses propres sentiments, deux voies lui étaient ouvertes en quarante-huit : la voie de la religion pure prise par lui avec une austérité évangélique, et la voie temporelle de l'unité, conforme à la tradition politique d'un pape guerrier comme Jules II qui avait brandi l'épée au cri de « Boutons dehors les Barbares ! » (*Fuori i Barbari !*)

Pie IX avait encouragé la cause de l'indépendance en lançant l'idée d'une confédération, en instaurant des réformes dans les États et en instituant la milice nationale ; enfin, dans la fameuse harangue du 29 avril, il déclarait ne pouvoir contenir l'ardeur guerrière de ses sujets.

Il aurait dû alors se mettre à la tête de la campagne pour l'indépendance ou bien y prendre part en alliance étroite avec Charles-Albert ; ou même par un geste de « grande noblesse », renoncer à la charge temporelle et laisser s'accomplir les destins de la nation bénie par lui. Mais Pie IX ne possédait pas l'âme d'un Jules II. La conscience religieuse paternelle, pacifique, qu'il avait de son office apostolique, la crainte d'un schisme en Allemagne, le retinrent de déclarer la guerre. Il ne sut pas se résoudre à séparer la responsabilité du prince italien de celle du vicaire du Christ se libérant du lourd fardeau du pouvoir temporel ; car, de bonne foi, il crut toujours que ce pouvoir constituait l'unique garantie susceptible d'assurer l'indépendance spirituelle du Saint-Siège devant la vague d'irréligion déchaînée par le libéralisme révolutionnaire et surtout par les partisans de Mazzini. C'est de cette tragédie où l'âme du Pape se trouva déchirée entre son devoir politique et son devoir religieux que naquit le différend entre l'Église et l'Italie. De ce différend, les historiens libéraux n'ont pas su en voir le fond ; car dans le jugement qu'ils portent sur l'attitude de Pie IX en quarante-huit, ils ne tiennent pas compte du caractère international de l'Église.

Il faut cependant rappeler qu'après sa déclaration de neutralité, Pie IX s'employa à aider par tous les moyens la cause nationale dont Charles-Albert était le chef. Ainsi que le dit Gioberti, le Pape se déclara prêt, au cas où la guerre tournerait à l'avantage du prince de Savoie, à le couronner de ses propres mains roi de la Haute Italie ; au même moment, il cherchait à décider l'empereur d'Autriche à céder la Lombardie au Piémont. La réalité historique apparaît en pleine lumière dans l'entretien que Pillersdorf, le président du conseil autrichien, eut en 1848 avec Monseigneur Morichini, le représentant du Souverain Pontife. Le ministre de l'Empereur déclara nettement au légat pontifical que le Pape avait été la cause de tout le mal en se mettant à la tête d'un mouvement unitaire qui gagnerait bien vite les provinces pontificales. Et Monseigneur Morichini lui répondit : « L'indépendance de l'Italie est le vœu unanime de la Nation et je ne connais pas de force humaine qui pourrait à la longue lui résister. » À cette heure historique, les deux diplomates furent des prophètes. Pendant environ un demi-siècle, la douloureuse crise spirituelle dont le Pape avait subi l'épreuve en quarante-huit devait trouver écho dans la conscience de tous ces catholiques italiens qui ne cessèrent jamais, par leurs actes comme par leurs écrits, de travailler à la réconciliation entre l'Église et l'État national.

Aux deux ailes extrêmes du mouvement unitaire, nous voyons deux hommes, enflammés d'amour pour l'Italie, se raidir douloureusement sur leurs positions adverses, dans leur esprit théocratique qui se plaçait au-dessus de la nation : ce sont Pie IX et Giuseppe Mazzini. Les conceptions opposées représentées par ces deux hommes se heurtèrent violemment sur le terrain de la réalité ; cela se manifesta pour la première fois à Rome, lorsque Pie IX dut fuir à Gaète après l'assassinat de

Pellegrino Rossi, et que fut proclamée la république avec son cortège d'odieuses persécutions contre la religion catholique. Écrivant à Minghetti, le 29 juillet 1849, Passolini nous en donne ce témoignage : « J'ai reçu de Farini une bien vilaine lettre : parlant du passé, il me dit que les horreurs commises par les mazziniens ne peuvent s'exprimer par des mots, jusqu'à des gens enterrés vivants. » Par une étrange justice de l'histoire, lorsqu'à l'automne de 1870 l'armée italienne entrait à Rome, Giuseppe Mazzini se retrouva en prison, par ordre du gouvernement royal, dans la ville même où Pie IX s'était réfugié pour échapper à la fureur des révolutionnaires mazziniens. Et sortant de sa prison de Gaète, Mazzini écrivit à ses amis : « Rome est profanée par la monarchie. »

Si, à travers la brèche de Porta Pia, la république ne put entrer à Rome, il y entra pourtant l'anticléricalisme francmaçon ; ce dernier s'y enracina profondément, au point de rendre dures et difficiles les relations déjà tendues entre l'Église et l'État, et de renforcer la Papauté dans la conviction que le régime libéral était impuissant à assurer au Saint-Siège les égards qui lui étaient dus : la preuve en a été faite en diverses occasions, et, d'une manière éclatante, aux funérailles de Pie IX.

L'idée libérale qui, à sa naissance, était une idée chrétienne dans l'âme de tant de pionniers et de martyrs du Risorgimento, devint, dans les chocs fatals entre rouges, blancs et noirs, essentiellement maçonnique et anticléricale.

Déjà en 1870, les lois de persécution contre le clergé et la suppression des ordres religieux commencèrent à creuser un fossé profond entre les meilleures forces nationales qui, le stade politique une fois franchi, devaient fonder le nouvel ordre social sur des bases solides et accroître la puissance de la nation. Le libéralisme triomphant ne sut pas être libéral à l'égard de l'Église ; et, oubliant que l'Italie est une nation profondément catholique, il voulut lui imposer une mentalité libertaire démocratique avec des tendances bien marquées de culture étrangère. Ces tendances pénétrèrent rapidement dans nos universités, dans nos institutions, par haine du catholicisme et surtout par haine des traditions les plus belles et les plus hautes de notre pensée, traditions honorées par des hommes qui, dans le Risorgimento, avaient nom Manzoni, Gioberti, Rosmini, Tommaseo, Balbo, et par tant d'autres grands penseurs et éducateurs purement italiens.

Cavour, chef du libéralisme le plus authentique, avait dit en 1861 qu'il ne fallait pas mettre en doute les sentiments des Italiens, qui ne sont pas hostiles à la religion de leurs pères ; ils désirent même et veulent conserver cette religion dans leur pays, et aspirent à lui assurer les moyens de prospérer et de se développer.

Ces sages conseils du créateur de l'unité italienne ne furent pas écoutés ; dans le parti libéral entrèrent et dominèrent des hommes fanatisés par la parole de Mazzini, qui assumèrent par la suite la direction de la chose publique.

Pour Mazzini, « la papauté est un cadavre à l'égal de la monarchie ». On doit obéissance au peuple, seul interprète de la révélation divine. C'est dans le peuple que Mazzini avait mis son dieu après l'avoir arraché à l'Église catholique. À la base du système théocratique de Mazzini se trouvent des dogmes exprimés par les notions de Progrès et d'Humanité Collective. Le dogme du progrès tend à diviniser peu à peu l'homme. « L'humanité est le verbe vivant de Dieu ; la papauté durera jusqu'à ce qu'elle soit renversée par l'Italie renaissante », telle est la prophétie de Mazzini. Il voulait qu'à Rome, la future Rome du peuple née à une nouvelle vie, se réunisse un concile universel des intelligences les plus hautes pour élaborer les dogmes de la nouvelle foi. « Il appartient à l'Italie, disait-il, de dresser l'humanité au-dessus des ruines de la papauté. » Ces idées flottantes, vagues, perdues dans le vide philosophique, font sourire aujourd'hui. Mais en 1850 et 1880, elles furent prises au sérieux non seulement par les partisans du prophète républicain, mais aussi par de nombreux libéraux qui ne différaient d'opinion que sur la question préjudicielle du renversement de la monarchie. Elles constituent les bases métaphysiques de la démocratie italienne.

En 1861, Cavour avait dit au parlement : « Nous devons aller à Rome sans que l'autorité civile empiète sur le domaine spirituel. » Et Ferrari de lui rétorquer : « Ce n'est pas par des excès de dévotion, ce n'est pas avec des doctrines théologiques, mais avec les idées proclamées par la Révolution française que l'on peut gagner la cause que nous appelons romaine. » Dans cette discussion, ainsi que dans d'autres débats fameux au parlement, le député Vito d'Ondes Reggio, unitaire catholique, soutint la thèse nationale et déclara : « L'Italie sans le catholicisme ne serait pas elle-même. En mettant l'Italie sous la vassalité des institutions françaises, vous frappez au cœur le génie italien, la nationalité italienne ; car l'étranger campe encore sur une partie de notre sol. Mais le feu sacré enflamme les cœurs italiens ; comme ils ont été chassés d'une partie du pays, les étrangers seront chassés de l'autre. » Et il ajouta : « Il y a des hommes qui font au génie italien des blessures encore plus fatales ; ce sont ceux qui veulent introduire en Italie les doctrines germaniques ; ils frappent notre génie à sa racine même et lui portent des coups mortels. Nos grands hommes se sont toujours opposés à ce que l'on fasse ainsi litière de la science italienne ; de nos jours, il faut monter au pinacle Romagnosi, Rosmini, Gioberti. Avec les institutions françaises d'un côté, et les doctrines germaniques de l'autre, nous aurons perdu notre nationalité, alors qu'au contraire nous voulons la conquérir et la consolider fortement, pour l'éternité. À Santa Croce, en haut d'un des monuments aux grands Italiens, on peut lire : *Ce monument a été érigé pour que le siècle qui, par son ardeur à imiter, engendre une originalité servile, puisse s'enflammer d'amour pour l'ancienne sagesse italienne.* »

Les partis politiques vivent d'idées, trouvent leur aliment dans la foi : c'est le contenu mystique, idéal des partis qui donne sa forme à leur programme, à leur action politique et législative.

Les catholiques, en qualité de croyants, n'ont jamais constitué un parti politique, et ils ne pourraient pas en constituer un ; néanmoins, comme le catholicisme n'est pas seulement une religion, mais un système philosophique dans lequel s'encadrent une organisation civile, une doctrine sociale respectueuse de la hiérarchie, une culture éducative destinée à la formation de citoyens d'élite, il est clair que les catholiques doivent exercer une action publique pour la défense des principes dont ils font profession, et contribuer de cette manière au développement ordonné de la vie nationale. Il est de fait que les catholiques se sont organisés, depuis 1870, pour défendre de graves intérêts religieux constamment outragés et menacés. Que demanda au gouvernement libéral le Congrès catholique de Bologne, en février 1876 ? La liberté de l'enseignement. En mars suivant, Bonghi, ministre de l'Instruction publique, répondit à ce vote du Congrès en ordonnant la fermeture de l'Université pontificale et du Collège scientifique du palais Altemps à Rome.

En 1875 le service militaire fut étendu au clergé.

En 1876 fut votée l'abolition du serment religieux et furent interdites les manifestations publiques de la foi, comme les processions. En 1877 passa à la Chambre la loi sur les abus des ministres du culte. En même temps on laissait s'exercer la plus violente propagande subversive contre la religion. Lorsque le 28 mars 1878, Léon XIII tint le Consistoire, il eut motif de se plaindre dans la première allocution de ce que l'Église ne jouissait plus du plein et libre usage de ses pouvoirs.

Et en décembre 1878, le Pape publia l'admirable encyclique contre les associations subversives « qui visent à détruire religion, famille, État et société civile ».[3]

Derrière la « question romaine », question préjudicielle d'ordre politique, le Saint-Siège prenait en réalité une attitude de protestation visant à revendiquer le domaine territorial : moyen de défendre la liberté religieuse menacée par un régime qui, feignant d'ignorer la papauté, la battait en brèche par tous les moyens, sur le terrain de la culture et de la foi même.

---

[3] Lettre encyclique *Quod Apostolici muneris* sur les erreurs modernes. (NDÉ)

Une fois réalisée l'œuvre de l'unification nationale, les libéraux n'auraient pas dû favoriser l'anticléricalisme, mais au contraire reprendre le programme d'un concordat, mis en avant par leurs plus grands penseurs et leurs plus grands chefs. L'un d'eux, Gian Battista Giorgini, un esprit des plus pénétrants, reconnaissait déjà à cette époque dans un article très remarquable par la netteté de sa vision critique, publié en 1866 dans la *Nuova Antologia*, que « la faute et l'erreur la plus grave que le parti libéral eut commise était de ne pas avoir mis le doigt sur la question religieuse, de ne pas en avoir compris la difficulté et l'importance ». Et faisant profession d'adversaire convaincu de la séparation de l'Église et de l'État, qui aboutit presque toujours à des conflits entre les deux pouvoirs, Giorgini faisait justement observer : « L'opposition entre les croyances religieuses et la loi, alors même qu'elle ne conduit pas à une résistance ouverte, engendre chez les masses une désaffection à laquelle aucun gouvernement n'a pu résister à la longue. Le peuple exige de ceux qui lui demandent obéissance le respect de ses croyances ; la thèse historique la plus facile à soutenir serait celle-ci : aucun pouvoir n'a duré, qui s'est mis en opposition avec la foi religieuse du pays. Théodoric possédait toutes les provinces qui forment aujourd'hui le royaume d'Italie, plus le Trentin, la Vénétie, la Dalmatie, l'Istrie et la Corse ; il avait une organisation judiciaire, la force armée, la culture. Si les Goths n'avaient pas été des ariens, l'unité de l'Italie se serait probablement faite il y a quatorze siècles. »

Mais l'État — objectaient alors les libéraux, comme ils le font aujourd'hui — l'État trouve une défense suffisante dans le droit commun. À cela, Giorgini répondait : « Le droit commun, sous un régime de liberté comme le nôtre, est le droit de critiquer, de censurer, d'attaquer chaque jour les lois et les institutions d'un pays. Jusqu'à quel point un gouvernement peut-il résister à l'action dissolvante d'une critique sans frein et sans mesure ? C'est là tout le problème de la liberté en Europe. »

Ce problème ne pouvait être résolu par le libéralisme démagogique. Naturellement il entra un beau jour dans une phase critique. La doctrine de la liberté absolue, toujours condamnée par l'Église et follement soutenue par le vieux régime politique, devint une arme formidable contre l'État, entre les mains du fils légitime du libéralisme démocratico-économique : j'ai nommé le socialisme.

Aussi bien le parti libéral cueillait-il les fruits fort amers que sa politique anticléricale avait mûris, les fruits de sa plus grave erreur, ainsi que Giorgini l'avait prophétisé. Vers les premières années du vingtième siècle, sous la poussée des masses socialistes grossissantes, les libéraux commencèrent à rechercher désespérément l'aide et les votes des catholiques ; ceux-ci, organisés par l'*Œuvre des Congrès*, la presse, les associations de jeunes gens, et par de nombreuses institutions de prévoyance sociale, avaient constitué dans le camp électoral une puissante armée de réserve prête à entrer dans la lutte politique. On invoqua alors l'abolition du *Non expedit*. L'encyclique de juin 1905, *Il fermo proposito*, ne supprima pas le *Non expedit* ; elle ne voulut pas que l'alliance avec le libéralisme fût élevée au rang d'un principe doctrinal, mais elle autorisa dans certains cas déterminés l'aide des catholiques aux partisans de l'ordre, moyennant l'engagement précis par les candidats libéraux de ne pas voter les lois hostiles à l'Église. Le souverain Pontife ne pouvait rester indifférent devant ce nouveau danger plus grave, le danger révolutionnaire, qui visait à détruire dans les masses la foi et la doctrine chrétiennes, bases de toute organisation sociale.

Les catholiques furent autorisés par Pie IX à participer aux élections, selon l'esprit et la lettre des paroles employées par lui : « pour concourir au maintien de l'ordre social ». L'aide des catholiques contribua, sans aucun doute, à renforcer le parti libéral, à le maintenir au pouvoir, mais ne le décida pas à se rénover, à mettre en harmonie le principe de la discipline avec celui de la liberté. Les vieilles gens changent bien difficilement leurs habitudes d'esprit ; enveloppées dans un scepticisme glacé, elles vivent de compromis, d'expédients, au jour le jour.

Cependant l'Italie remuait de nouveaux problèmes politiques suscités par le développement de la grande industrie ; les catholiques avaient fondé un nouveau mouvement social, destiné à enrayer la propagande funeste des socialistes dans les masses ouvrières et agraires. C'est ainsi que naquit le parti appelé « démocrate-chrétien ».

Léon XIII fixa les règles de l'action sociale catholique dans son encyclique *Rerum novarum*, de mars 1891, dans laquelle il visait essentiellement à endiguer la diffusion des doctrines socialistes en leur opposant les traditions d'ordre, de justice et de charité que l'Église avait toujours tenues en honneur, et que les sordides industriels d'une certaine bourgeoisie libérale avaient toujours méprisées. Cette même bourgeoisie, qui oublie ses errements passés, a entravé en mainte occurrence l'œuvre de reconstruction entreprise par le fascisme. Dans l'encyclique indiquée plus haut, Léon XIII cherchait à réveiller l'esprit des anciennes corporations d'arts et de métiers qui protégeaient les justes intérêts des petits artisans. Et il ajoutait : « Les lois et les institutions publiques ont fait disparaître tout principe et tout sentiment religieux, et ainsi, peu à peu, les travailleurs isolés et sans défense se sont vus abandonnés à la merci de patrons dépourvus de sentiments, et aux effets de cupidité d'une concurrence effrénée. » La conception sociale du Pape renoua les liens avec la tradition chrétienne, interrompue par les novateurs de quatre-vingt-neuf. Mais il ne pensa pas le moins du monde à consacrer, par l'encyclique *Rerum novarum*, l'avènement de la pseudo démocratie chrétienne, dont nous voyons un exemple d'extrême dégénérescence dans le parti « populaire ». Et comme Léon XIII s'aperçut bien vite que de nombreux catholiques donnaient à l'encyclique et aux mots « démocratie chrétienne » une interprétation et une portée tout à fait arbitraires, il se hâta d'en éclaircir et d'en préciser le sens dans une seconde encyclique : *Graves de comuni re*. Il y déclarait explicitement : dans les mots « démocratie chrétienne », il ne faut voir que la forme prise par l'action sociale catholique ; mais cette action ne peut en quoi que ce soit impliquer la reconnaissance de la valeur du socialisme révolutionnaire, que les mots eux-mêmes pourraient paraître exprimer ; les catholiques ne doivent pas y attribuer une signification politique. Le chef des démocrates-chrétiens, Romolo Murri, ayant persévéré dans ses préjugés modernistes, contrairement aux instructions du Pape, se vit forcé de sortir de l'Église.

Les démocrates-chrétiens rebelles furent par la suite condamnés par Pie X, qui, en particulier, dut les stigmatiser par ces paroles : « Pour justifier leurs rêves sociaux, ils se réclament de l'Évangile, interprété à leur manière, et ce qui est plus grave encore, d'un Christ défiguré et diminué. » Et gardien inflexible de l'orthodoxie romaine, rappelant au même parti les enseignements sociaux de son prédécesseur, ce grand Pontife ajoutait : « Léon XIII a déjà condamné une certaine démocratie qui arrive à un tel degré de perversion qu'elle attribue, dans la société, la souveraineté au peuple, et poursuit la suppression et le nivellement des classes. »

Le nouveau Parti populaire, né après la guerre avec une étiquette non confessionnelle, mais constitué par la grande masse des catholiques, aurait dû donner des cadres aux forces chrétiennes dans la lutte contre le bolchevisme destructeur, devant lequel le gouvernement démocratique se montrait impuissant comme il le fut toujours. Mais au sein du Parti populaire se produisit une large et profonde crise de la conscience catholique italienne ; après l'avènement du fascisme, cette crise atteignit son paroxysme avec la scission entre les éléments qui s'étaient cristallisés autour des idées sociales représentées par Miglioli (plus que par don Sturzo) et les éléments modérés nationalistes par la vertu d'une ancienne tradition. Il n'est pas douteux que le mouvement de Miglioli représentait une forme de modernisme politique basée sur les hypothèses des idéologues du modernisme religieux. Je crois que les populaires de l'Aventin l'ont eux-mêmes reconnu, après que Miglioli eut quitté le parti à la tête duquel se trouvait don Sturzo ; mais ils n'ont pas su couper tout de suite les ponts entre eux et les extrémistes de la teinte de Miglioli.

On voit maintenant combien était vaine la foi rétablie par ceux qui croyaient pouvoir conserver au parti sa cohésion en usant d'indulgence à l'endroit d'individus plus socialistes que catholiques. Le gouvernement fasciste, avec sa législation ecclésiastique forte et hardie, à tendance catholique, réussit chaque jour de plus en plus à vider le programme populaire de son contenu religieux, de sorte que les populaires se trouvent confondus avec les socialistes.

Tandis que les catholiques nationaux se serraient fidèlement autour du Faisceau des Licteurs, leurs co-partisans proclamaient l'alliance avec les socialistes et avec les démocrates francs-maçons, pour défendre la liberté foulée aux pieds. Mais quelle liberté prétendaient-ils revendiquer ? Non certes celle du libéralisme, car elle était condamnée par l'Église ; celle du socialisme non plus.

Campés sur l'Aventin, les populaires se trouvèrent devant un dilemme des plus périlleux, non pas du point de vue parlementaire ou purement politique, mais du point de vue spirituel.

L'alliance monstrueuse avec les adversaires les plus acharnés de la religion eut une conclusion tragique, car on ne peut concilier les inconciliables.

Que pouvaient espérer les populaires italiens, en tant que catholiques, c'est-à-dire de croyants, d'une alliance qui tendait à renforcer la position politique des apôtres de l'union libre et du dogme laïque ? Ils l'apprirent du chef du gouvernement français, M. Herriot, dans ces journées où la lutte antifasciste faisait rage.

L'interprète le plus autorisé du radical-socialisme français, le grand frère chéri de la social-démocratie italienne, revendiqua, sans qu'il y eût d'équivoque possible, les droits et les privilèges du soi-disant État moderne en face de l'Église. Or, il est bon de rappeler que l'État moderne s'est dressé contre l'idée catholique, contre tout ce qui est romain.

Il a commencé avec la protestation germanique de Luther ; il a trouvé son développement dans la pensée des Encyclopédistes ; il s'est affirmé avec la Révolution française, et il a ensuite créé le socialisme. L'expression dernière et toute logique de l'hérésie et du nihilisme athées s'est incarnée dans le verbe de Lénine, dans les lois fondamentales de l'État russe bolchevique. L'État fasciste constitue une puissante antithèse à Moscou, en tant qu'il ne reconnaît pas le dogme de la Révolution française, en ce qu'il revendique et affirme, dans l'ordre politique, philosophique et religieux, une pensée catholique.

La politique ecclésiastique du gouvernement fasciste ne s'inspire pas d'un sentiment purement politique, et encore moins utilitaire, comme l'insinuent avec malignité ses adversaires, mais plutôt d'un sublime principe éthique et national. Elle est sans aucun doute une des manifestations les plus importantes du nouveau régime ; restaurant dans la lettre et dans l'esprit le premier article des Lois fondamentales du Royaume, elle tend à établir en Italie, par le moyen d'une législation rénovée, des rapports harmonieux entre l'État et l'Église, à ramener les Italiens dévoyés par le pseudo-libéralisme démocratique aux pures sources religieuses et morales de notre Risorgimento.

L'Église et l'État étaient figurés par les législateurs du régime ancien comme courant parallèlement sur des voies différentes ; le fascisme au contraire voit dans l'Église et dans l'État deux convois courant sur la même voie, sur laquelle doit pouvoir avancer en toute sûreté la nouvelle machine de la Nation.

Les débuts furent grandioses ; et les visées audacieusement originales que représentait cette politique ecclésiastique à longue portée de l'État fasciste ne se limitèrent pas à de vagues promesses ; elles se concrétisent chaque jour dans des faits. Grâce au fascisme, le crucifix est retourné à l'école, la croix montée au sommet du Capitole ; ainsi, à l'école primaire où se forme la conscience de la jeunesse, l'enseignement religieux a été rétabli. La loi qui tend à réprimer les excès de la presse, la loi contre la franc-maçonnerie, les lois pour la protection de la morale publique et de la famille, les mesures de prévoyance pour l'enfance — toute cette législation s'inspire des plus pures doctrines catholiques. C'est au gouvernement fasciste que l'on doit la fondation à Milan par les catholiques de l'Université du Sacré-Cœur, université reconnue par l'État, et la reddition des grands foyers historiques du mysticisme et du spiritualisme italiens à leurs gardiens légitimes qui en avaient été expulsés et qui avaient passé de longues années en exil.

Le fascisme n'a pas l'ambition d'absorber l'Église dans son sein, c'est-à-dire dans l'État fasciste ; il veut seulement réduire les obstacles qui s'opposent à l'unité spirituelle de la patrie. Il affirme de nouveau, en substance, l'idée exposée par Dante de la distinction entre le pouvoir civil et le pouvoir ecclésiastique ; tout en sauvegardant l'indépendance et l'autonomie de l'État et de l'Église, ce principe pose les bases juridiques qui doivent régler la collaboration des deux organismes, et il annonce leur réconciliation.

★ ★ ★

Dans un discours fameux prononcé à la Chambre italienne, avant le triomphe de la révolution fasciste, Benito Mussolini a reconnu solennellement que la tradition romaine est représentée dans le monde par le catholicisme.

Cette pensée générale du Duce est digne d'être méditée : parce que romains et parce que catholiques, nous pouvons nous dire complètement italiens et légitimes héritiers du patrimoine le plus précieux de la civilisation classique. Si la nef de saint Pierre avait sombré dans une des multiples et furieuses tempêtes de l'histoire ; si les invasions barbares du Moyen Âge, si les révoltes des hérétiques d'Orient ou les révolutions philosophiques de l'Occident ne s'étaient par brisées contre la force invincible du dogme catholique, on aurait assisté à la rupture fatale de la glorieuse tradition juridique, littéraire, artistique, qui, par la chaîne ininterrompue des papes, remonte à la Rome antique. Dante même n'aurait pu écrire la *Divine Comédie*, et sur le tronc vétuste n'aurait pu refleurir l'art merveilleux de la

Renaissance. Sans l'Église catholique, sans ce temple et cette forteresse de notre organisation, nous aurions perdu notre physionomie, notre nationalité, sous des lois, des coutumes et des croyances barbares ; nous aurions perdu le sens de ce qui est romain et ce haut prestige spirituel que nous possédons encore aujourd'hui dans le monde.

Dans les populeuses métropoles de l'Europe et des Amériques comme dans les landes désolées des pays barbares, là où se dresse une Église catholique, là est Rome ; là l'Italien retrouve le temple de sa foi, non pas seulement religieuse, mais aussi nationale. Là sur des lèvres étrangères qui ne parlent pas la langue de Dante, il entend encore l'antique parler impérial, et il voit célébrer à la romaine les rites augustes de sa religion millénaire.

Comme s'exalte l'orgueil de notre race, lorsque dans ces terres lointaines nous entendons le témoignage vivant de la latinité, dans le langage des Césars et des Pontifes ! Sous les voûtes de Westminster comme dans la pénombre gothique de la cathédrale de Cologne, à Notre-Dame comme dans la cathédrale de Séville, dans les milliers et les milliers d'églises catholiques dispersées sur tout le globe, dans celles qui sont riches par leur histoire et leur beauté comme dans celles qui, pauvres et humbles, se cachent dans les villages, le pèlerin italien peut, à plus juste titre que ses frères en Dieu, se répéter à lui-même avec la voix de saint Paul : *Civis romanus sum*. Et près de ces pierres sacrées, il comprend alors ce qu'est la civilisation, et comment, dans l'éternelle succession des siècles, une grande lumière perce les ténèbres de l'histoire : la lumière de Rome.

———

LA MYSTIQUE DU FASCISME

L E FASCISME n'a pas encore été étudié en tant que phéno-mène de l'histoire religieuse de notre race admirable qui a donné au monde les plus grands mystiques, vrais conducteurs d'âmes.

Il sied de noter et de fixer quelques-uns des aspects et quelques-unes des valeurs mystiques du mouvement qui a rénové l'Italie. Le fascisme a fait son apparition dans une heure trouble de bas matérialisme ; le ferment bolcheviste de Lénine s'insinuait partout, phénomène révolutionnaire d'importation étrangère ; il s'infiltrait dans les masses au lendemain de la guerre et de la victoire, à la faveur de l'extrême décadence du parti démocratique libéral qui dominait alors en Italie.

À cet égard, on peut considérer comme typique l'incompré-hension absolue de certains libéraux de l'importance historique de la révolution fasciste. Par exemple, Piero Gobetti, l'un des plus autorisés d'entre eux, a voulu expliquer dans sa revue *La Révolution libérale*, comment « le fascisme représentait un phé-nomène de parasitisme des petits bourgeois, conjugué avec une crise de chômage ».[1]

Je mentionne ce jugement entre cent autres. Il fait ressortir une tendance de jugement sur le fascisme qui est assez répandue dans certains milieux libéraux, et il nous donne la mesure exacte de la misère intellectuelle du parti qui était au pouvoir lors de la

---

[1] Voir la revue *Arte e Vita*, fascicule de juin 1923.

marche sur Rome ; enfin il explique pourquoi le libéralisme sénile était incapable de comprendre la révolution fasciste, non seulement dans son esprit, mais aussi dans sa portée historique. Il n'a vu en elle qu'un phénomène transitoire, lié à un fait économique et social sans importance.

Le mouvement fasciste fut caractérisé à son origine par un élan impétueux des jeunes âmes ardentes ; il se cristallisa graduellement en une puissante force de sentiment et d'action autour d'une volonté riche de foi passionnée, la volonté d'un homme, d'un chef, celle de Benito Mussolini.

Au point de vue historique et religieux, il est important de constater que Mussolini est un converti, c'est-à-dire, pour employer la définition de William James, un homme « né une deuxième fois », comme l'ont toujours été les grands mystiques. Sa conversion de la conviction socialiste à l'idée nationaliste a eu son point de crise extrême dans les très dures épreuves de la guerre, qu'il accepta et comprit dans sa portée mystique, et qu'il supporta dans la boue des tranchées en communion constante avec l'humble fantassin ignorant et héroïque.

Pendant sa jeunesse, il avait été un agitateur des masses éblouies par le soleil de l'avenir ; en toute bonne foi, il avait été un révolté contre l'ordre constitué, un chef dans la lutte des classes. Puis il comprit la valeur du sacrifice suprême des petits comme des grands, des pauvres comme des riches, fraternisant et combattant coude à coude pour le salut et la grandeur de la patrie. Il sentit quelle force inébranlable unit les fils d'une même terre, dans la vie comme dans la mort. C'est là, on peut le dire, une véritable expérience mystique ; elle a dû, je pense, déterminer dans l'esprit et dans le cœur de Mussolini la transformation totale des valeurs intellectuelles et spirituelles, changement qu'à la veille de la guerre il avait déjà pressenti dans le fond de sa conscience.

En la comparant à la pauvreté des sentiments égoïstes de la lutte de classes d'avant-guerre, Benito Mussolini comprit la beauté supérieure de la force religieuse et nationale d'un peuple en armes : foi nouvelle qui fit naître en lui l'espoir de voir l'Italie accomplir de grandes choses et qui aviva son amour pour elle. À cet élan de foi s'associèrent les meilleurs parmi la jeunesse italienne.

La campagne fasciste de l'après-guerre a les caractères d'une lutte religieuse contre les infidèles qui renient la patrie. Mussolini, comme Dante le dit de saint Dominique, fut celui qui « frappa dans les broussailles hérétiques ».

La foi, l'amour pur et fort pour une idée, s'expriment toujours avec violence. Les jeunes fascistes poursuivirent farouchement les hérétiques dans leurs biens comme dans leurs personnes. Ils incendièrent les chambres du travail et, à l'exemple des mystiques compagnons de Savonarole dans la Florence païenne de la Renaissance, ils firent des feux de joie avec les ouvrages, les journaux et les manifestes subversifs. Libéraux, démocrates et modérés de tout poil les regardaient faire, ébahis et scandalisés. Ces gens-là prétendent que les méthodes violentes sont condamnables, et que les luttes civiles doivent se dérouler en toute sérénité dans le domaine des idées, c'est-à-dire se borner à d'inoffensives violences en paroles. Cette conviction procède du principe essentiellement démocratique que toutes les opinions ont la même valeur et doivent en conséquence être respectées. Si un communiste crache sur le drapeau tricolore et blasphème contre le Dieu de ses pères, l'on peut certes lui en faire reproche ; mais aux yeux du parfait démocrate, il reste toujours une personne respectable, surtout s'il peut se faire appeler du titre parlementaire d'honorable ; et dans le temps de toutes les libertés, son collègue n'hésite pas à aller lui serrer la main.

Voilà la typique mentalité bourgeoise, modérée, sceptique de la vieille Italie, née de la défaite d'Adua, mentalité à laquelle s'oppose radicalement celle de la jeune Italie, née à Vittorio Veneto.[2]

---

[2] La bataille d'Adoua vit, le 1er mars 1896, la victoire des forces de l'Empire éthiopien sur celles du royaume d'Italie. Lors de la bataille de Vittorio Veneto, en octobre/novembre 1918, l'Autriche-Hongrie fut

La conscience fasciste a une foi, une foi très vive : elle croit en l'Italie.

« Nous aussi nous y croyons », crient les adversaires des fascistes. Et ceux-ci de répondre : « La foi se prouve en actes et non en paroles. Vos actes, ce sont les louches intrigues parlementaires, qui ont rendu possible la loi d'amnistie aux déserteurs et qui, après la victoire, ont amené le pays au bord de l'abîme. » Les fascistes ont raison d'excommunier les hérétiques de la patrie comme l'Église a toujours eu raison lorsqu'elle priva de la communion des vrais croyants les hérétiques qui s'imaginaient posséder la véritable foi. C'est ainsi que le Christ, que d'aucuns se figurent plein de mansuétude et semblable à un libéral, s'arma un jour de verges cinglantes pour chasser du temple de Dieu les marchands et les profanateurs.

Tout mouvement mystique renferme une violence sublime. Le mysticisme implique la passion. « Le bien ne va pas sans la passion », disait saint Augustin.

Les fins morales du fascisme correspondent aux fins morales de l'Église catholique : je ne veux pas dire que tous les fascistes, surtout ceux de la dernière heure, soient dignes de la représenter ; mais l'esprit profond du mouvement s'inspire du plus noble idéalisme, dans l'ordre moral comme dans l'ordre patriotique.

C'est dans ses résultats qu'il faut juger l'intime esprit religieux du mouvement fasciste ; il faut voir le sens profond du sacrifice, de la discipline imposée et acceptée par ses meilleurs adeptes. Pour s'en rendre pleinement compte, il faut le chercher dans les discours du Duce : on en trouve l'écho dans l'accent plein d'humilité, de force et de passion des paroles qu'il adresse au peuple, sur les places publiques.

Ce qui frappe dans ces paroles, c'est l'absence de cette rhétorique vide et ampoulée où se cache toujours le mensonge démocratique. Ce qui empoigne, c'est la sincérité nue et puissante de la foi vécue. C'est là, et pas ailleurs, qu'il faut chercher

---

vaincue par l'Italie. (NDÉ)

le secret de la fascination qui émane des mystiques. Voilà un homme qui, répugnant aux artifices des démagogues, dit à la plèbe de dures vérités, parle de sacrifice et prêche la nécessité du travail et de l'ordre ; la vaste popularité dont il jouit s'explique uniquement par la puissance que lui donne la sincérité d'une foi invincible, oubliée en Italie depuis l'aurore du Risorgimento.

Qu'a fait le fascisme ? Il a banni la franc-maçonnerie, rétabli le crucifix à l'école, fondé l'instruction religieuse dans l'enseignement primaire : ne sont-ce pas là des preuves très nettes du spiritualisme dont il est pénétré ?

À quoi répondent, non sans malice d'ailleurs, certains populaires pseudo-catholiques : « Ces mesures sont des méthodes de gouvernement déterminées par des motifs d'opportunisme politique. »

Soit, n'attribuons pas trop d'importance à ces faits extérieurs, qui comptent peu pour les esprits habitués à pénétrer l'essence même des phénomènes religieux.

Ce qui importe, c'est de sentir et de mesurer l'émotion des âmes juvéniles lorsqu'elles expriment les vérités de leur foi, et ces inquiétudes, ces craintes, ces espérances où elles puisent leur courage de toutes les épreuves et de tous les sacrifices.

À ce sujet, je prends plaisir à citer d'un petit ouvrage de Giuseppe Bottai intitulé *Le Fascisme et l'Italie nouvelle*, le passage suivant qui révèle tout un état d'âme : « Le fascisme doit être quelque chose de plus qu'une méthode de vie... ce doit être le rythme d'un désir nouveau, la consécration d'une grandeur nouvelle et l'harmonie d'une nouvelle beauté ; il faut donc fouiller bien à fond pour trouver le filon solide et vivant de notre tradition qui présente la vie multiple de notre pays, et la substance même de l'Italie. »

Si nous pouvions fouiller les entrailles de cette terre où, sous le signe de la croix, reposent tous nos morts, et si nous pouvions les réveiller ces morts humbles et grands, obscurs et glorieux, ils n'auraient qu'une voix pour nous dire de quelles vérités est pétrie l'argile qui forme la race italienne : foi en Dieu, dans la patrie, dans la famille, dans le travail. S'inspirant de ceux qui ont prêché l'anarchie au-delà des Alpes, le mouvement socialiste moderne a nié Dieu, la patrie, la famille, la discipline du travail. Voilà en quoi il diffère irréductiblement du nouveau mouvement national.

Il n'y a aucune conciliation possible entre une affirmation et une négation.

Les libéraux cherchent à établir la souveraineté incolore d'un « ni oui, ni non », qui n'est qu'un mensonge. Sottise donc que de croire possible une conciliation entre l'esprit national et l'esprit antinational, entre la vérité et l'erreur.

Le caractère principal d'un mouvement mystique est la passion de vérité et de sincérité dont il est pénétré.

Les adversaires du fascisme voudraient le représenter comme une noire tyrannie, comme une puissance de haine. Rien n'est plus faux.

Le fascisme est fait d'amour. Il le dit lui-même : il cherche à rapprocher les âmes, à les unir, et non à les séparer. Mais il les unit de la même manière que les verges sont liées autour de la hache romaine, symbole de la justice inflexible.

Suivant la conception classique, romaine, la justice est mère de l'amour : c'est l'antithèse des néfastes conceptions romantiques et libertaires.

Le fascisme est donc une forme de mysticisme catholique : il ne faut pas le confondre avec certaines formes d'un faux mysticisme condamnées par l'Église de Rome, qui, pour citer un exemple historique d'ordre politique et religieux, s'est montrée inexorable au XIVe siècle pour la secte du libre esprit.

Le fascisme est un parti formé, non au sens politique, mais au sens religieux. Il ne peut accepter que les hommes qui croient aux vérités de la foi dont il est animé. Aussi bien, il est prêt à discuter sur les problèmes les plus larges et les plus divers, qui intéressent la vie nationale, mais il ne discute jamais sur les postulats nationaux. Comme l'Église a ses dogmes religieux, de même le fascisme a ses dogmes de foi nationale. C'est ce qui fait sa force et son originalité politique. Et comme l'Italie est catholique, le fascisme est nécessairement catholique, et il respecte toutes les valeurs spirituelles et sociales du catholicisme.

C'est cette vérité que les gens du Parti populaire ne peuvent voir et ne veulent encore moins reconnaître ; ils prétendent pourtant être les véritables représentants du sentiment catholique en Italie. Ils partent de prémisses empruntées à la social-démocratie et qui, par leur origine même, sont contraires aux enseignements de l'Église.

On a vu des partisans de Miglioli, devenus bolchevistes, sortir du Parti populaire en y déterminant une crise entre la gauche et la droite ; pareil phénomène n'aurait pas été possible, ou bien il aurait provoqué une rapide expulsion des mécréants socialisants, si les populaires avaient vraiment été des catholiques solides sur le terrain de leur doctrine.

Nous assistons aujourd'hui à un vaste réveil de leur conscience ; toutefois, il y a un point que, jusqu'ici, bien des catholiques n'ont pas clairement compris : c'est que le principe de la lutte des classes n'intéresse pas le programme des populaires, mais bien, au premier chef, la conscience catholique. On ne peut, en ce cas, parler d'une droite et d'une gauche parlementaires, mais de la déviation religieuse d'âmes obnubilées ou perverties.

Venu au jour non pas comme un parti politique, mais comme un mouvement d'âmes poussées par de pures forces idéales, le fascisme s'est naturellement rencontré avec l'âme catholique italienne, dont le Parti populaire s'était fatalement détourné.

La rencontre entre la vérité catholique et la vérité fasciste est le fait d'une intuition mystique.

Dans la mesure où nous pouvons augurer de l'avenir, cette rencontre aura des conséquences fécondes pour la grandeur de l'Italie et pour la gloire de l'Église.

L'ERREUR DU PARTI POPULAIRE

A VANT le triomphe de la révolution fasciste, la majorité des catholiques du Parti populaire fermaient les oreilles aux voix qui parlaient d'une rénovation : ils se laissaient aller mollement à la dérive, sans résister, parmi les mirages aimables de portefeuilles ministériels, entraînés par le courant des démocrates favorables à la collaboration : ceux-ci semblaient devoir réussir à faire affluer la vie italienne tout entière au parti ami du socialisme. Ces gens-là ne réfléchissaient pas que ces eaux de l'internationalisme étaient troubles et corrompues par le poison pernicieux du communisme russe et du vieux matérialisme historique italien ; ils ne réfléchissaient pas que les doctrines antinationales et les dogmes antireligieux du parti des Treves, des Modigliani, des Turati et consorts ne pouvaient en aucune manière se concilier avec l'idéalisme le plus élevé, qui pénètre le sentiment patriotique et catholique du peuple italien ; ils ne réfléchissaient pas que, même si elle comportait de vagues restrictions mentales, une alliance avec les détracteurs de la nation et de la famille était chose des plus périlleuses : c'était aller fatalement à renier la pure religion de tous les martyrs tombés sur les champs de bataille pour faire la patrie plus noble et plus grande.

Ces parlementaires étaient préoccupés de satisfaire les besoins et les exigences d'ordre économique des masses les plus avides des campagnes ; ils n'agissaient d'ailleurs que dans un but électoral. Avec le vote mémorable qui renversa l'avant-dernier ministère Facta, ils tentèrent, mais en vain, de créer un gouvernement antinational durable composé des gauches alliées aux socialistes ; ç'aurait été conduire le pays à la ruine matérielle et morale. Quelle funeste déviation du sentiment et de la pensée catholiques, sacrifiant à la vieille erreur démocratique née de la Révolution française et de tout temps condamnée par l'Église !

Né de notre peuple, le pape Pie X semblait en incarner véritablement toute la pure vigueur, tout le clair et sage bon sens ; lui qui, d'un seul coup droit, coupa la tête à l'hydre du modernisme religieux et qui, en France, sauva des savantes embûches de la démocratie athée le principe hiérarchique de la constitution ecclésiastique, il voulut faire participer les catholiques d'Italie à la vie de la Nation. Il abolit la fameuse interdiction qui faisait que des milliers et des milliers de catholiques s'abstenaient de voter ; mais il craignait à juste titre — et les faits lui ont donné plus tard raison — une déviation de la conscience catholique vers ce « modernisme politique » qui vit des postulats idéologiques du « modernisme religieux » ; il ne voulut donc pas voir entrer au parlement des députés catholiques, mais bien des catholiques députés. Pour bien des esprits à courte vue, cette formule parut alors vouloir jouer sur les mots. En réalité, c'était une formule de la plus haute portée politique ; elle rejetait, en effet, la formation d'un parti catholique, sous ce nom ou sous un autre, ou même caché sous une étiquette non confessionnelle, et elle permettait en revanche la transfusion d'un sang nouveau et vigoureux dans les artères fatiguées de la vie publique italienne.

Avec la généreuse intuition patriotique d'un cœur de père et d'Italien clairvoyant, Pie X rappelait les meilleurs catholiques italiens à leur plus glorieuse tradition du Risorgimento : celle de Manzoni, de Tommaseo, de Balbo, de Cantrè, de Pellico, celle qui remonte à Dante ; tradition d'une conception qui n'a jamais mêlé la politique à la religion et qui détourne les prêtres des affaires politiques et séculières, qu'elles soient cachées ou publiques.

Curés et religieux auraient dû se donner pour tâche de travailler à la formation d'une plus forte conscience religieuse et morale chez les fidèles, au lieu d'aller recueillir des votes et de faire de la propagande politique pour le bénéfice d'un parti, se mêlant ainsi à des passions toujours étrangères à leur ministère.

On ne saurait cependant nier, sans une injustice manifeste, que maints catholiques qui siègent encore au parlement avec l'étiquette de députés populaires, ont travaillé au développement de la pensée et du sentiment catholique et italien par leurs paroles, par leurs écrits et par leurs diverses organisations, et ont aidé à dissiper les nuées d'un anticléricalisme insensé, suranné et déjà menaçant. On ne peut donc nier le bon côté de certains principes d'ordre moral et économique qui forment le programme du Parti populaire italien.

On a dit, et à juste titre : dans les premiers temps du gouvernement fasciste, quelques-unes des meilleures réformes que celui-ci ait réalisées avaient déjà été présentées par le Parti populaire. Mais l'on est vraiment en droit de demander comment ce parti n'a pas su réaliser ces réformes, lui qui fut arbitre de vie et de mort pour divers ministères, et qui participa à ces ministères sur de très larges bases. N'a-t-il pas su les imposer ou n'en a-t-il pas eu la force ? Ou peut-être craignit-il d'offenser démocrates et socialistes ? Pourquoi les populaires n'ont-ils jamais eu le courage ou la volonté de se mettre dans l'opposition pour gagner une bataille de principes ? Aimaient-ils donc tant la vie tranquille et les fauteuils confortables si chers aux barbes blanches ? Mais c'est précisément là une politique de vieilles gens timorées, de rechercher la vie tranquille, les demi-mesures, les transactions, les atermoiements, les accords de couloirs, et d'attendre en somme que les fruits vous tombent tout mûris dans la bouche plutôt que de se risquer à aller les cueillir en haut des arbres.

Il est étrange de voir comment un parti jeune au point de vue parlementaire a montré des signes si précoces de sénilité. Les causes : manque d'une foi courageuse dans la partie spirituelle de son programme, et indulgence excessive à l'égard de la sacro-sainte démocratie.

Voulant s'affirmer jeune et viril, un parti doit vivre la mystique de l'idée qui l'anime ; plus tard seulement il peut se donner le luxe de triompher dans le domaine purement politique.

C'est ce que fit le fascisme.

Quand vinrent les heures sombres et honteuses du bolchevisme italien courbé devant Lénine, alors que toutes les têtes se baissaient dans la terreur, Mussolini réunit sous les noirs drapeaux aux nœuds tricolores les phalanges des héros survivants et, sans mesurer les coups, se lança dans la mêlée pour le salut de la patrie, avec une magnifique violence.

La mystique du fascisme lui assura la victoire politique. Mussolini imposa à ses partisans la loi du sacrifice ; il leur inspira la foi, la certitude que le miracle de la renaissance nationale s'accomplirait.

Le miracle s'accomplit, parce que la volonté, l'esprit d'autorité accomplissent toujours les miracles.

Il me plaît, à ce propos, de rappeler ceci aux catholiques ultra-démocratiques : dans l'Église, ce qui offense et irrite le plus le monde et la civilisation démocratiques rationalistes, c'est, dans l'ordre spirituel, le miracle, et dans l'ordre moral, le principe d'autorité.

Sous cet angle, les dogmes du modernisme religieux coïncident exactement avec ceux du modernisme politique.

Les sectateurs de ce premier système professent et défendent les principes du protestantisme libéral ; de même les fidèles, teinte Miglioli, du second système, défendent avec acharnement les idoles du socialisme, qu'ils ont recouvertes des défroques d'une pseudo-démocratie chrétienne. Rappelez-vous leurs méthodes de propagande auprès des masses, relisez leurs discours et leurs écrits ; vous vous apercevrez bien vite que leurs moyens pratiques, comme leurs moyens verbaux, ont été empruntés aux bagages du socialisme.

Ils aiment la liberté, même quand elle dégénère en licence, et ils en ont plein la bouche, comme lorsqu'ils parlent du « progrès ». « Mot dont on a tant abusé — a écrit Tommaseo en son temps — qu'il signifie désormais tout ce qui est suranné, et que quand on le prononce, on a l'impression de toucher un torchon sale. » Et le grand éducateur chrétien ajoutait : « La sagesse et l'amour du bien ne consistent pas à répéter avec un stupide orgueil les mots de "progrès", "liberté" et *tutti quanti*, mais à poser des principes qui, tranquillement et sûrement, sont générateurs de bien. »

Ces sains principes, qu'on veut aujourd'hui restaurer en Italie et poser sur de solides fondations, avaient été renversés par les révolutionnaires français : ceux-ci considéraient la société comme un lien purement conventionnel, formé par la volonté populaire, et soluble par cette même volonté ; ils la faisaient semblable à une tente qu'un berger dresse pour une nuit et enlève à l'aube.

C'est ainsi que la philosophie moderne a confondu, dans l'homme, l'esprit avec le corps ; dans la société, le souverain avec les sujets ; dans l'univers, Dieu lui-même avec la nature ; partout, la cause avec ses effets ; elle a ainsi détruit tout ordre général ou particulier, elle a retiré à l'homme tout empire sur lui-même, aux monarques tout pouvoir sur le peuple, à Dieu toute puissance sur l'univers. Seulement, lorsqu'une société religieuse et politique est arrivée au comble de l'erreur et de la licence, elle s'efforce nécessairement d'en sortir ; l'action qui l'a détournée de la ligne droite a été lente et presque insensible ; l'action qui l'y remet, ou qui la prépare à y retourner, est violente et ressemble à une tempête.

C'est sur l'Italie qu'a passé la tempête purificatrice, avant qu'elle n'atteigne les autres nations européennes. Les vrais catholiques doivent s'en réjouir. Ils savent que la puissance vient de Dieu et qu'il faut obéir à ce qui est juste, non par peur, mais par principe de conscience.

Le plus profond interprète du christianisme a posé ce fondement du droit public des pays chrétiens : l'obéissance active dans le bien et la résistance passive dans le mal. Au temps même où le christianisme éclaira les hommes sur la constitution du « pouvoir » et sur les devoirs des sujets, il leur enseigna la nature et les fonctions de la tâche sociale dans les termes suivants, qui n'ont jamais été compris : « Celui qui veut être le plus grand parmi les hommes doit commencer par être leur serviteur. » Paroles sublimes qui ont été appliquées au ministère politique comme au ministère religieux ; les fonctions les plus élevées : gouverner, rendre la justice, combattre, ont un nom dans la langue chrétienne : servir.

Les doctrines populaires sont en opposition ouverte avec les nouveaux principes courageusement affirmés par la contre-révolution fasciste, et plus conformes, nous semble-t-il, aux principes moraux de l'Église catholique ; les populaires de la teinte Miglioli, et peut-être même plus modérés, reconnaissent, aiment et défendent le régime démocratique, le suffrage universel, le culte du parlementarisme et de la liberté, même si elle dégénère véritablement en licence, bien plus que les réalités qui ont nom : ordre, hiérarchie, discipline.

Les modernistes du Parti populaire, qui voudraient avoir et qui ont eu jusqu'à présent une grande clientèle parmi les catholiques italiens et étrangers, sacrifient volontiers aux idoles et aux fétiches de la démocratie.

Tout à l'inverse, Mussolini, dans un de ses articles les plus nets, intitulé « Force et consentement »[1], donne ce mémorable avertissement : « Qu'on le sache donc une fois pour toutes : le fascisme ne connaît pas d'idoles, n'adore pas de fétiches : il a déjà passé, et s'il est nécessaire, il repassera tranquillement sur le corps plus ou moins décomposé de la déesse liberté. »

Cet avis du chef du gouvernement italien, déclarant que le corps de cette fameuse déesse est en état de putréfaction, n'est-

---

[1] Voir le numéro de mars 1923, de *Gerarchia*.

ce pas l'annonce de la nouvelle aurore ? N'est-ce pas le prélude au retour de ces vérités éternelles comme le soleil, vérités que l'on voulait bannir pour toujours et que, seuls en Europe, les papes eurent le courage d'affirmer et de défendre lorsqu'à l'heure où triomphait l'erreur elles étaient un objet de risée ?

À cet égard, il siéra de rappeler les paroles des papes qui, pendant le XIXe siècle, furent les maîtres de la contre-révolution. Il semble que les catholiques, teinte populaire, les aient complètement oubliées ; et surtout, il n'est pas permis de travestir la pensée politique et sociale de l'Église — en particulier celle de Léon XIII — comme ils le font lorsqu'ils interprètent, selon les méthodes de l'exégèse moderniste de friande mémoire, la fameuse encyclique *Rerum novarum*.

La lutte soutenue par l'Église contre les idées sociales et politiques de la société démocratique moderne est marquée par une longue série de documents pontificaux ; c'est d'abord un bref de Pie VI, en date du 10 mars 1791, adressé au Cardinal de La Rochefoucauld, à l'archevêque d'Aix et aux autres archevêques et évêques membres de l'Assemblée nationale. Cette lettre a pour objet la constitution civile du clergé ; elle met à nu les intentions des révolutionnaires qui visaient à anéantir la religion catholique, et avec elle l'obéissance due au Roi. Aux politiciens philosophes de 89, le Souverain Pontife pose cette question :

« Où est donc cette liberté de pensée et d'action que l'Assemblée nationale accorde à l'homme en société, comme un droit imprescriptible de la nature ? Ce droit chimérique, n'est-il pas en contradiction avec les décrets de la Providence, à qui nous devons tout ce que nous possédons ? Peut-on d'ailleurs ignorer que l'homme a été créé non pour lui-même, mais pour être utile à ses semblables ? » Plus loin, à la suite d'une lumineuse critique contre le *Contrat social* de Rousseau, Pie VI écrit :

« Les hommes n'ont pu se réunir et constituer une société civile sans poser des limites à cette liberté, sans la subordonner aux lois et à l'autorité de leurs chefs. »

Puis il cite cette pensée de saint Augustin : « La société humaine n'est autre chose qu'une convention générale visant à obéir au Roi. »

Dans l'encyclique *Diu satis* du 15 mai 1800, annonçant au monde catholique son élévation au siège apostolique, Pie VII condamne en termes enflammés l'esprit libertaire des temps nouveaux. Puis Grégoire XVI écrit dans l'encyclique *Mirari vos* du 15 août 1832 des pages où il critique et condamne le catholicisme libéral. On y lit ces paroles : « Lorsqu'une société brise les freins de la religion, qui seule permet aux nations de vivre et à l'autorité de durer, nous assistons successivement à la ruine de l'ordre public, à l'écroulement des principes, au renversement de tout pouvoir légitime. » Grégoire XVI se réclame également de l'autorité de saint Augustin, qui disait que rien ne tue plus facilement l'âme que la liberté de l'erreur.

Les catholiques n'ont pas le droit d'être agnostiques. L'homme d'une grande foi religieuse ou patriotique ne peut autoriser une liberté qui permet des attaques contre la foi d'un peuple, et facilite la désagrégation de l'unité de la famille ou de la nation. Lorsque les fascistes divisent les Italiens en deux grands partis, les nationaux et les antinationaux, ils énoncent une vérité catholique.

Comme tout le monde le sait, Pie IX fut un des plus grands docteurs des principes qui instaurèrent l'esprit moderne contre-révolutionnaire. Dans le *Syllabus* il condamna solennellement le panthéisme, le naturalisme absolu et modéré, l'indifférentisme, les doctrines socialistes et communistes, les sociétés secrètes, les sociétés religieuses libérales, les erreurs relatives à la société civile considérée en elle-même et dans ses rapports avec l'Église ; et enfin toutes les questions touchant au libéralisme contemporain. La quatre-vingtième et dernière proposition du *Syllabus* de Pie IX dit textuellement ceci : « Le Souverain Pontife ne peut ni ne doit se réconcilier ni transiger avec le progrès, le libéralisme et la civilisation modernes. »

Le 29 juin 1881, Léon XIII publia l'encyclique *Diuturnum* dans laquelle il posa nettement les principes fondamentaux qui doivent présider à toute politique sérieuse et critiqua les erreurs du XVIII\ᵉ siècle. Dans l'encyclique *Immortale Dei*, du 1ᵉʳ novembre 1885, il opposa au droit nouveau de l'état laïque le droit traditionnel de la constitution chrétienne des états. On trouve un exposé limpide du *Syllabus* de Pie IX dans l'encyclique *Libertas* du 20 juin 1888, que je n'ai jamais vu rappeler par nos démocrates-chrétiens. Dans cette encyclique, le grand Léon XIII remarque comment toutes les erreurs politiques de notre époque ont pour origine la conception démagogique libérale qui confond la liberté avec une licence insensée. Voici ses paroles : « L'esprit pose ces prémisses que l'homme est au-dessus de toute autorité. La conséquence logique en est : d'abord, que la cause réelle de la communauté civile et de la société ne doit pas être cherchée dans un principe extérieur ou supérieur à l'homme, mais dans la libre volonté de chacun ; ensuite, que le pouvoir public émane de la multitude comme de sa source première ; en outre, que la raison collective doit être pour la multiplicité des affaires publiques ce que la raison individuelle est à l'individu : d'où la puissance du nombre, d'où les majorités qui seules créent le droit et le devoir. »

L'encyclique *Rerum novarum* du 16 mars 1891 vise essentiellement à mettre un frein au progrès des utopies socialistes ; elle a la sagesse d'y opposer les traditions d'ordre et de justice que l'Église a toujours tenues en honneur. Le Pape demande la restauration des anciennes corporations d'arts et métiers, détruites par le XVIII\ᵉ siècle, protectrices des justes intérêts des artisans. Voici les paroles du Souverain Pontife :

« Tout principe et tout sentiment religieux ont disparu des lois et des institutions publiques ; ainsi les travailleurs, isolés et sans défense, se sont vus abandonnés petit à petit à la merci des patrons inhumains et à la cupidité d'une concurrence effrénée. »

L'idée politique et sociale du Pape renoue les liens avec la tradition chrétienne interrompue par les novateurs de 1789. Il n'a pas le moins du monde pensé à consacrer dans l'encyclique l'avènement de la pseudo démocratie chrétienne.

Mais c'étaient alors les temps heureux de la démocratie à la Murri.

Tout homme sincère doit reconnaître que l'esprit dominant, créateur de la démocratie chrétienne italienne et de l'actuel Parti populaire italien, ne doit pas être cherché dans la pensée de Léon XIII autant que dans celle de Romolo Murri ; les populaires victorieux ont feint d'oublier ce dernier, puis ils l'ont réellement oublié et désavoué publiquement, une fois qu'il fut sorti de l'Église, sans toutefois renier ses idées politiques et sociales.

J'ai sous les yeux le discours de Livio Tovini, député du Parti populaire, prononcé à l'occasion de la commémoration de l'encyclique *Rerum novarum*, cérémonie tenue à Monza le 21 mai 1916 ; ce discours fut réimprimé en 1919 ; j'y lis ces lignes qui révèlent l'esprit de Murri :

« L'encyclique *Rerum novarum* est importante à un autre point de vue : le Souverain Pontife a entrevu que le nouvel ordre de la société ne dépend plus désormais des gouvernements et des dynasties, mais des forces nouvelles du prolétariat organisé : celui-ci modèle petit à petit et réforme les institutions, les lois et les rapports politiques et économiques entre nations. »

Tovini, et avec lui beaucoup de populaires, fait sentir au Souverain Pontife ce qu'il n'a ni entrevu ni reconnu. Peu de temps après, s'étant aperçu de la confusion générale créée dans l'âme des catholiques les plus simples par le mot « démocratie chrétienne », le Pape s'empressa de l'éclaircir, d'en préciser le sens et la portée. Dans l'encyclique *Graves de comuni re* du 18 janvier 1901, Léon XIII déclara que sous les termes « démocratie chrétienne », il faut comprendre la forme que prend l'action sociale catholique. Cette action ne peut cependant s'inspirer le moins du monde d'une reconnaissance de la valeur de la révolution, comme le mot pourrait l'indiquer ; les catholiques ne sauraient y attribuer une signification politique.

Avec le pape Pie X, la condamnation de toutes les doctrines modernistes fut à nouveau solennellement confirmée, dans le même esprit que celui de ses prédécesseurs. On peut affirmer que la lettre envoyée aux évêques de France le 25 août 1910[2] révèle sa pensée politique et sociale, de même que l'encyclique *Pascendi* est la parfaite expression de son enseignement religieux. Voici comment Pie X qualifie dans cette lettre les démocrates-chrétiens modernisants : « Pour justifier leurs rêves de bonheur social, ils se réclament de l'Évangile, interprété à leur manière, et, ce qui est encore plus grave, ils font appel à un Christ défiguré et diminué. »

Et la lettre, rappelant l'enseignement social du prédécesseur de Pie X, continue en ces termes :

« Léon XIII a déjà condamné une certaine démocratie arrivée à un tel point de perversion que, dans la société, elle attribue la souveraineté au peuple et qu'elle poursuit la suppression et le nivellement des classes. »

----

[2] Lettre encyclique *Notre charge apostolique* sur Le Sillon. (NDÉ)

LE MODERNISME DE DON STURZO

L'IMPRESSION dominante qu'un esprit éclairé reçoit de l'ouvrage de don Sturzo sur *La Réforme de l'État et les directions de la politique*[1] est celle que peut provoquer le jeu dialectique d'un habile sophiste. Mais un catholique voit tout de suite percer dans certains jugements et dans certaines idées d'ordre politique et social une méthode qui n'est pas nouvelle : c'est celle qu'ont déjà employée les modernistes dans les controverses de nature historique et religieuse sur les rapports entre la science et la foi, controverses dont le but était d'entraîner l'Église à transiger sur les vérités du dogme et de la pousser — comme si c'eût été possible — à accepter et à tolérer dans la pratique les postulats des rationalistes.

C'est, semble-t-il, la vieille méthode remise à neuf par le prêtre dont nous parlons : elle vise — et ses fins sont souvent savamment voilées — à démontrer que certains postulats fondamentaux de l'État démocratique sont acceptables. Bien des catholiques populaires se sont hélas prêtés à cette manœuvre. En même temps, elle proteste de son respect absolu à l'égard des doctrines sociales de l'Église.

Pour atteindre son but, don Sturzo joue avec les faits, avec les doctrines anciennes et nouvelles, il expose les programmes des libéraux et des socialistes, les réfute d'abord, pour les accepter ensuite : mais il met des réserves subtiles et de soi-

---

[1] Vallechi, éditeur, Florence.

disant distinguos dictés par les contingences historiques. Dans cet ouvrage, l'esprit des populaires se trouve surabondamment illustré ; il est défini ainsi : « un effort, répondant aux conditions générales du pays ».

Mais comment se justifient au grand jour d'une conscience politique droite — je ne dis pas « au grand jour des sentiments religieux » — les oscillations parlementaires qui vont de la crise Nitti (mai 1920) à la première solution de la crise par le gouvernement de Nitti, puis de Giolitti (mai, juin 1920), et qui imposent le veto à Giolitti (février 1922) ; enfin et surtout la crise Facta (juillet 1922) provoquée par les populaires dans le but précis d'instaurer en Italie, sous l'égide de Nitti, Sturzo et Turati, le gouvernement stable des gauches maçonniques et socialistes ? Quelle valeur attacher au conflit avec le socialisme en janvier et février 1920, à côté des tentatives répétées de collaboration avec eux : il ne s'agissait pas là de sauver vraiment, par une manœuvre parlementaire, un grand principe religieux ou un idéal du programme ; c'était la défaite politique et économique de la patrie que l'on décidait.

Tout cela ne se justifie que par le désir effréné de conserver et, si possible, d'augmenter le nombre des portefeuilles attribués aux membres d'un parti, catholique dans l'essence, mais qui se dissimulait pour plus de commodité sous une étiquette non confessionnelle. On ne peut justifier autrement d'abord son ralliement, ensuite son opposition à Mussolini.

Mais laissons de côté les misérables manœuvres parlementaires et arrivons-en à un rapide examen des quelques idées sociales exposées dans l'ouvrage de don Sturzo.

La réforme de l'État préconisée par lui est dominée par ce qu'il appelle, en termes obscurs, le « dynamisme de la liberté », et non pas par un principe supérieur d'ordre et de discipline nationale. Ainsi, ses « directives politiques » se présentent sous « cette forme démocratique et spirituelle » qui est, selon lui, la raison d'être du Parti populaire.

Pour don Sturzo, la note fondamentale et particulière de l'école démocratique chrétienne (p. 11-12), « c'est la tendance théorique et pratique de la société à reconnaître juridiquement l'existence de classes sociales ; le mouvement vise à supprimer la lutte de classes comme droit social, tout en l'admettant comme phénomène transitoire ; il essaie de l'éliminer dans la mesure du possible, dans la dynamique entre classes, de l'organisation de l'État ».

L'auteur emploie ces circonlocutions pour déclarer qu'il accepte la lutte de classes comme un phénomène transitoire.

Celui qui a bien compris l'antienne, ce fut le député Miglioli : il l'accepta tout de suite et mit en pratique la lutte de classes, comme phénomène transitoire, naturellement, en fomentant, avec des méthodes dignes des communistes, les fameuses grèves agraires de la région de Crémone. Mais au nom de quels principes chrétiens ? Est-ce de ceux qui ont été magistralement définis par le pape Léon XIII dans l'encyclique *Rerum novarum* ?

Nous lisons à la page 13 : « Aujourd'hui, après un siècle de lutte, aucun savant n'admet une antinomie théorique entre la science et la foi ; de même, aucun homme politique (y compris don Sturzo, par conséquent) ne croit en une antinomie pratique entre l'État moderne et la conscience religieuse. » Mais ce n'est peut-être pas le même don Sturzo qui, dans un autre passage de l'ouvrage, nous définit l'État moderne comme « le produit naturel d'un schisme spirituel qui s'est opéré dans la conscience humaine sous l'effet du rationalisme ? » Or, cette juste définition une fois posée, comment l'harmonie proclamée entre l'État moderne et la conscience religieuse d'un catholique réussit-elle à s'établir toujours d'une manière pratique ? En réalité, les populaires d'Italie et autres dignes populaires dans d'autres pays catholiques trahissent à tous moments cette conscience catholique.[2]

---

[2] Il semble inconcevable, en effet, que dans des pays catholiques

La pensée de don Sturzo vogue souvent sur l'océan du matérialisme historique. On lit à la page 33 : « Certes, tout fait humain d'ordre intérieur ou extérieur comporte des dangers ou des imperfections, même dans les accords économiques (la belle découverte !) ; un trust des huiles ou des pétroles, une banque internationale peuvent, à un certain moment, ne pas répondre aux besoins généraux. Mais ces mouvements, ces contacts, ont d'immenses avantages sociaux. Autrement, le christianisme ne serait jamais sorti de la Judée, la science ne serait pas devenue universelle, l'économie des pays aurait été immobilisée entre les barrières des États. »

Eh bien, je me demande si l'on peut permettre à un prêtre de mettre l'universalité de la science et l'expansion économique sur le même plan que le fait mystique et divin que représente le développement du christianisme.

C'est encore là un indice qui révèle l'attitude morale de don Sturzo ; tout en se déclarant l'adversaire de la démocratie, il est pénétré d'erreurs et de sottes préventions démocratiques ; il approuve le suffrage universel, la lutte des classes, la finance démocratique, l'abolition de la conscription, le désarmement universel, l'État populaire, c'est-à-dire l'État faible, sur le modèle d'une communauté italienne du Moyen Âge, etc. Il est absolument incapable de concevoir pour l'Italie une vie politique en harmonie réelle avec le grand idéal national et avec la vérité catholique.

Dans son livre, don Sturzo voit dans le triomphe — définitif pour lui — des principes proclamés par la Révolution française, une phase glorieuse de la marche de l'Italie et de l'humanité vers le progrès.

En fait, dans un premier appel lancé par le Parti populaire italien aux hommes « libres et forts », on demande que ces hommes « sans préjugés ni idées préconçues » soutiennent dans

---

comme l'Autriche et la Belgique, les chrétiens sociaux, une fois arrivés au pouvoir, n'aient pas aboli les lois sur le divorce.

son intégrité « l'idéal de justice et de liberté » ; semblables déclarations, qui sont monnaie courante de la rhétorique démocratique, ont le même son que dans la bouche des libéraux, des socialistes et des démocrates wilsoniens.

C'est en vain que l'on cherche dans ces pages le flambeau de la vérité catholique, bien qu'il y soit souvent parlé du christianisme, ce qui ne nous suffit pas à nous qui ne sommes pas des protestants. Où y parle-t-on de ce principe hiérarchique aujourd'hui fortement restauré par le fascisme, et que dans la fameuse encyclique du 28 décembre 1878[3] le pape Léon XIII indiquait aux gouvernements et aux peuples comme le fondement de la véritable société chrétienne ?

Il n'est pas inutile de rappeler les paroles du Saint-Père à ces populaires qui nous taxent de néo-cléricalisme, de préjugés conservateurs : « Celui qui a créé et qui gouverne toutes choses les a disposées dans sa prévoyante sagesse de manière que celles qui sont situées au-dessous atteignent leurs fins par l'entremise de celles qui sont au milieu, et celles-ci par le moyen de celles du haut. De même qu'il a voulu que, dans le Royaume céleste, les chœurs des anges soient distincts et subordonnés les uns aux autres, de même il a établi dans l'Église différents grades d'ordres, avec des fonctions diverses ; tous les membres n'en sont pas apôtres, docteurs, ni pasteurs. De la même façon il a constitué dans la société civile des ordres différents par la dignité, par les droits et par la puissance, afin que l'État, comme l'Église, forme un seul corps composé d'un grand nombre de membres, les uns plus nobles que les autres, mais tous nécessaires les uns aux autres et soucieux du bien commun. » Qui voudra soutenir et démontrer que cette vision hiérarchique de la société chrétienne correspond à celle de don Sturzo ?

Après cela, il est inutile que nous perdions notre temps à examiner et à discuter séparément certaines réformes du programme exposées dans l'ouvrage : d'aucunes sont bonnes, mais nous semblent peu de chose devant l'esprit qui a donné sa forme

---

[3] Lettre encyclique *Quod apostolici muneris.* (NDÉ)

au livre, devant ses postulats démocratiques de sens moderniste-chrétien. Peu nous importe la décoration extérieure d'un édifice, si nous n'en pouvons approuver le dessin général.

Ce n'est pas sans amertume que nous avons écrit ces notes critiques au sujet d'un livre qui résume la pensée d'un prêtre, porte-parole d'un vaste mouvement social et politique de catholiques italiens. Mais il était cependant nécessaire de dissiper l'équivoque des populaires modernistes. Après la condamnation solennelle par Pie X des doctrines modernistes dans l'encyclique *Pascendi*, il nous semble maintenant qu'arrachée du domaine du dogme religieux la même semence refleurisse dans le domaine de l'action sociale et politique des catholiques. Déjà avant nous, et d'une voix plus autorisée que la nôtre, l'illustre cardinal Tommaso Pio Boggiani [4] l'avait indiqué dans une mémorable pastorale, sur laquelle le silence s'est fait.

L'homme religieux ne peut se séparer de l'homme politique.

Nous savons bien que l'Église accepte, comme un état de fait, des régimes politiques divers, monarchies et républiques ; mais nous ne pensons pas que les fondements moraux des doctrines et des lois qui composent ces régimes lui puissent être indifférents. Il semble qu'elle ait le choix entre deux voies possibles : soutenir la doctrine d'un parti dont la politique gouvernementale reconnaît et honore ouvertement la valeur religieuse et morale du catholicisme — comme le fait le gouvernement fasciste — ou au contraire, approuver la doctrine et l'action de ces gouvernements et de ces partis qui, au nom des principes sacrosaints de 1789, méconnaissent et maltraitent tout aussi ouvertement cette valeur religieuse et morale.

---

[4] *Atti pastorali*, Acquapendente, Imprimerie Lemurio, 1922, p. 134-135.

SAINT THOMAS D'AQUIN ET LA DÉMOCRATIE

L E 4 MARS 1923, l'Église catholique célébrait solennellement le sixième centenaire de la canonisation de saint Thomas d'Aquin.

Dans une remarquable encyclique, le pape Pie XI glorifia le génie et la vertu du grand docteur de l'Église ; il exhorta les évêques, les prêtres, tous les croyants, à rester fidèles aux doctrines de l'interprète le plus sûr de la Vérité catholique. Il ne sera donc pas sans intérêt de rappeler les conceptions de saint Thomas sur le meilleur gouvernement.

Dans le traité intitulé *De Regimine Principum*, saint Thomas définit le Roi : « Celui qui gouverne pour le bien commun », puis il se met à examiner s'il vaut mieux, pour la Cité ou pour l'État, le gouvernement d'une pluralité ou le gouvernement d'un seul.

Pour répondre à cette question, saint Thomas commence par établir quel est le bien que la société attend de son gouvernement. Le bien que la multitude demande à ceux qui la dirigent est cette forme d'unité qui a nom : la paix. En conséquence, le gouvernement le meilleur est celui qui est le plus susceptible de maintenir l'unité de paix. Or, affirme saint Thomas, il est évident que ce qui est un par soi-même est mieux fait pour produire l'union que ce qui est multiple.

« C'est chose évidente, écrit-il, que la multitude ne peut en aucune manière être gouvernée par beaucoup d'hommes, si ceux-là sont divisés entre eux. Car lorsque beaucoup sont au pouvoir, il faut une certaine unité pour qu'ils puissent gouverner ; mais l'union entre beaucoup n'existe que par analogie avec ce qui est "un" en soi ; donc, ce qui est "un" gouverne mieux. »

Saint Thomas offre sans tarder une preuve tirée de l'expérience ; voici les termes précis dans lesquels il la développe :

« Les états et les cités qui ne sont pas gouvernés par un seul sont bouleversés par les factions et déchirés par les discordes, comme pour vérifier les reproches que le Seigneur a exprimés par l'entremise de son prophète (Jérémie chap. XII., v. 10.) : *Pastores multi demoliti sunt vineam meam.* Au contraire, les états et les villes qui sont gouvernés par un seul homme jouissent des biens de la paix, se reposent dans la justice, prospèrent dans l'abondance. Voilà pourquoi le Seigneur, par la bouche de son prophète, a promis à son peuple qu'il mettrait à sa tête un chef, et qu'un seul prince régnerait sur ce peuple. »

Il est inutile de rappeler ici, même au lecteur dont l'érudition sur cette question serait peu profonde, que saint Thomas n'a pas inventé cette théorie antidémocratique du pouvoir et qu'elle n'est pas nécessairement concomitante à l'esprit du Moyen Âge.

De grands philosophes de l'antiquité, qui ont vécu dans les cités libres de la Grèce et de l'Asie Mineure, ont enseigné, avec l'autorité de la raison et de l'expérience, la supériorité du régime monarchique sur toute autre forme légitime de gouvernement. Dans ses commentaires sur Aristote, saint Thomas a démontré le bien-fondé de cette doctrine à la lumière des Saintes Écritures.

Ces commentaires ont l'avantage de nous faire comprendre la parfaite harmonie qui unit sur ce point la doctrine du plus grand penseur de l'antiquité païenne et celle du plus grand philosophe de la civilisation chrétienne.

Baignée par la lumière de la vérité révélée du Christ, la pensée de saint Thomas s'identifie ici avec celle d'Aristote.

Aristote reconnaît que le bien moral est la fin dernière de la société politique ; il réduit les diverses constitutions politiques à trois formes principales ; et, en dernière analyse, il déclare que la meilleure d'entre toutes est la monarchie ; puis vient l'aristo-cratie ; et la plus imparfaite est la démocratie (*Éthique*, livre VII, chap. X ; *Politique*, livre III, chap. VI).

On peut dire que ce jugement constitue la thèse centrale de l'enseignement politique d'Aristote et de saint Thomas.

La considération des dangers inhérents au gouvernement d'un seul homme, lorsque cet homme est mauvais, ne peut arri-ver à faire abandonner au saint docteur de l'Église sa préférence marquée pour le gouvernement personnel, qui deviendra le credo politique de Dante.

Saint Thomas en donne les raisons avec cette profondeur propre au génie :

« Il arrive plus souvent, dit-il, que le peuple coure d'extrêmes dangers sous le gouvernement de plusieurs hommes que sous celui d'un seul. En effet, il arrive facilement qu'entre plusieurs hommes, l'un d'eux cesse de travailler pour le bien commun. Or, s'il y a carence d'un seul des gouvernants dans la recherche du bien général, le danger de discorde devient imminent, car le désaccord entre les chefs conduit forcément à la discorde dans le peuple ; si au contraire il n'y a qu'un chef, il se consacrera au bien public dans la majorité des cas ; et quand il s'en désinté-resse, il ne s'ensuit pas immédiatement qu'il opprime ses sujets, ce qui est le dernier degré de la tyrannie... Bien plus, il n'est pas rare de voir le gouvernement de plusieurs tourner à l'oppres-sion ; c'est un cas fréquent... L'histoire nous en fournit des exemples manifestes... et presque toujours, le gouvernement de plusieurs a pour aboutissement le gouvernement d'un seul, comme on l'a vu pour la république romaine. »

Selon saint Thomas et Aristote, l'élection de magistrats par le peuple est nécessaire pour empêcher l'autorité de tomber dans la tyrannie. Mais avec quelle clairvoyance le grand docteur de l'Église, suivant la pensée du Maître, conseille le choix rigou-reux du corps électoral !

Aristote distingue deux sortes de masses populaires : la première est composée des hommes vertueux et éclairés, et de ceux qui, bien que ne possédant pas cette sagesse au même degré, en possèdent cependant suffisamment pour suivre les conseils des meilleurs ; la seconde, qu'il appelle une multitude servile et bestiale, ne comprend que les hommes ignorants et dépourvus de vertu. De ces deux masses qui composent le peuple, la première peut contribuer au bien de l'État en élisant des hommes vertueux à certaines charges et à certains offices publics ; la seconde, au contraire, en est absolument incapable.

À la lumière des jugements qui précèdent, nous pouvons nous imaginer comment ces grands philosophes auraient accueilli et jugé le suffrage universel et tout le bagage législatif et politique de nos démocraties.

———————

LA LIBERTÉ DE LA PRESSE

PENDANT de nombreuses années, nous avons assisté à l'orgie effrénée et impudente qui s'étalait autour de l'autel de la déesse Liberté, dans le grand temple d'artifices que lui avait élevé la rhétorique plébéienne, orgie menée par les prêtres du culte, les députés socialistes et démocrates, et leurs dignes acolytes, les populaires.

Alors que la tempête démagogique faisait rage au cours de la dernière législature, le gouvernement fasciste, intrépide et résolu, approuva deux mesures d'une importance exceptionnelle : en premier lieu, l'abolition des droits de succession de père à fils, mesure dont le but est de consolider l'institution de la famille, et de donner une nouvelle consécration au principe de la propriété (principe dont les populaires, en parfait accord avec les idées et les desseins des partis extrêmes, préparaient la destruction certaine) ; en deuxième lieu, le règlement sage et fécond qui, en limitant la liberté de la presse, tend à sauver les saines énergies spirituelles de notre peuple et à protéger les grands intérêts du pays.

Tous les catholiques honnêtes auraient dû applaudir à ces courageuses réformes. Au lieu de cela, nous avons vu les populaires se précipiter au secours de la liberté de la presse menacée, se cramponnant de toutes leurs forces à une légalité constitutionnelle mal comprise.

Le député Donati écrivit aussitôt dans le *Popolo* un long article intitulé « Le libre arbitre, la loi et la liberté de la presse ».

Il y arrivait à des conclusions directement inspirées de la vieille doctrine libérale : « ... la liberté trouve en elle-même ses propres limites, dans la discipline de la pensée, et dans la compréhension de leur responsabilité que les hommes peuvent peu à peu acquérir. » Et le parfait populaire était pleinement d'accord avec les principes du libéralisme lorsque, citant Cavour, il affirmait « qu'il lui semblait presque impossible de concilier l'exercice de la liberté de la presse avec la répression des abus ; par conséquent il fallait avoir la sagesse d'estimer que les excès et les erreurs de la presse trouvent pour ainsi dire un antidote dans l'expérience, la discussion, le bon sens de la nation, qui suffisent bientôt à faire distinguer le juste de l'injuste, la modération de l'exagération, etc. La répression ne sert pas à grand-chose ; et même, la presse qui représente les partis extrêmes est plus dangereuse lorsqu'une loi de répression l'oblige à masquer ses opinions et à jeter sur elles un voile qui les rend plus mystérieuses ; car elles exercent alors une influence plus funeste sur l'esprit du peuple. »

Tous les catholiques savent, ou devraient savoir ceci : toutes ces doctrines facilement réfutables, mais qui, dans la bouche d'un libéral ou d'un socialiste, apparaissent comme parfaitement justes, ne sont en aucune manière admises par l'Église. Elles sont même solennellement condamnées par elle. Il est facile de montrer combien l'Église estime pernicieuse la diffusion du vice et de l'erreur par le canal de la presse dans la masse des simples fidèles ; il suffit de se rappeler qu'elle a confié à la Congrégation du Saint-Office le soin de mettre à l'index les œuvres estimées dangereuses.

Mais le modernisme politique populaire, je l'ai déjà dit, se nourrit des préjugés du modernisme religieux : il admet, il exalte les principes révolutionnaires et perpétue ainsi une incroyable équivoque dans la conscience religieuse des catholiques. Si l'un de nos grands saints vivait encore, un Pier Damiani ou une Caterina Benincasa[1], il n'est pas douteux qu'il en appellerait

---

[1] Sainte Catherine de Sienne. (NDÉ)

directement au Vicaire du Christ, et lui demanderait avec ferveur de rétablir promptement, par l'autorité de sa parole, le règne de la vérité sur l'erreur.

Par respect pour la liberté de la presse la plus déréglée, l'ancien régime tolérait en Italie une vaste et désastreuse propagande contre la religion et le Souverain Pontife, contre la patrie et le Roi. Parmi les nombreux opuscules de la société d'édition *Avanti !* qui, par milliers d'exemplaires, répandaient dans le peuple le venin de la haine, il suffirait de rappeler la *Petite Doctrine rationaliste*, arrivée en 1920 à sa septième édition ; elle se vendait au prix modique de trente centimes.

Cette *Petite Doctrine* généreusement distribuée aux paysans et aux ouvriers, et aussi à nos bons émigrants comme un viatique pour traverser l'océan, a été interdite dans divers états de la Confédération américaine ; mais en Italie, tant que siégèrent au gouvernement, dans leur toute-puissance, divers membres du Parti populaire italien, on put impunément l'imprimer et la propager.

La *Petite Doctrine rationaliste*, qui est une vulgaire parodie de la doctrine chrétienne, est habilement composée, par demandes et réponses ; on y lit :

D. — Pour quelle fin êtes-vous créé ?

R. — La vie est une fin en soi-même. Je suis né pour vivre, pour vivre bien, pour jouir, pour profiter, en commun avec mes semblables, de tous les biens qui embellissent l'existence.

D. — La terre n'est donc pas une vallée de larmes, dans laquelle nous ne sommes que des pèlerins marchant vers un destin meilleur ?

R. — Non. Notre royaume est de ce monde. Qui parle autrement fait un mensonge que les dominations du monde ont accueilli avec joie, et auquel les prêtres ont toujours prêté et prêtent toujours la main.

....

« L'homme est supérieur à ce fantoche que les croyants ont mis à la tête de l'univers et ont appelé Dieu. »

« Dieu me rend faible, mou, lâche. »

« Le rationalisme me rend fort, constant, courageux. »

« Si Dieu existait, il faudrait le tuer. »

C'est sur ces paroles, terriblement logiques si l'on accepte les doctrines rationalistes, que se termine l'immonde recueil de blasphèmes que l'on pouvait imprimer et répandre librement en Italie, par respect pour la liberté, sous les yeux complaisants des autorités politiques. Alors, les populaires étaient au gouvernement et visaient à s'établir au pouvoir d'une manière durable avec Treves, Turati et consorts : ceux-là naturellement n'auraient pas, comme Donati paraît s'en plaindre, rejeté le principe de la libre manifestation de la pensée.

J'ai cité cet opuscule subversif comme un exemple entre cent publications tout aussi ignobles qui, il faut le rappeler et le proclamer, n'ont été détruites que par l'élan superbement incendiaire des jeunes fascistes.

Après de si nobles précédents d'une tolérance si basse, l'auteur de l'article du *Popolo* n'hésitait pas à déclarer : « Nous appartenons à cette catégorie d'hommes bien-pensants qui croit que dans toute société, bien ou mal organisée, on ne peut admettre le droit de tout faire pas plus que de tout dire publiquement ; nous sommes cependant parmi ceux qui conservent l'idée morale ancienne, mais honnête, que les entraves de la liberté de parole et d'action doivent être dictées par un intérêt bien compris de toute la société, et non par le seul intérêt du régime politique régnant actuellement, ou d'un autre pire encore. »

Mais quelle est la valeur pratique de cette doctrine libérale acceptée par les populaires ? Elle refuse le droit de tout dire publiquement, mais en même temps elle n'admet pas la répression des abus de la presse, en particulier à l'égard des partis extrêmes qui nient l'idéal religieux et patriotique sur lequel est fondée la nation.

En réalité, du temps de Cavour, il y avait — pour le bonheur de l'Italie — peu d'hommes qui niaient Dieu et la patrie.

Si le grand homme d'état piémontais revenait au monde aujourd'hui, il souscrirait certainement, sans faire de réserves hypocrites, à l'œuvre de reconstruction morale et politique de Benito Mussolini.

———————

LA DOCTRINE POLITIQUE DE L'ÉGLISE

D ANS un article intitulé « Politique catholique », Enrico Vanni a voulu réfuter quelques-unes des vérités morales et politiques conformes au catholicisme traditionnel ; je les avais citées pour les opposer à l'équivoque religieuse et sociale où le Parti populaire italien se débattait et se débat encore, sans espoir d'en sortir. Vanni a cherché à démontrer comment la théorie de l'Église s'est affirmée vers la fin du XVIIIe siècle ; faisant remonter à Dieu l'origine de toute puissance, cette théorie nie la valeur suprême et absolue des constitutions et des lois démocratiques promulguées par la Révolution française.

En fait, les doctrines politiques de l'Église, en complète harmonie avec ses doctrines religieuses, n'ont pas des origines aussi récentes.

Per me reges regnant[1], lit-on dans la Bible. Au-dessus de l'Église brille l'éternelle lumière de la Révélation, issue de la Bible, de l'Évangile, des Pères et de saint Thomas, ainsi que de l'Empire romain.

Pendant près de deux mille ans, l'Europe a vu la naissance et la chute des formes les plus variées, les plus nombreuses et les plus changeantes de régimes sociaux ; suivant l'esprit de chaque époque et les principes en cours, la république et la monarchie existèrent tour à tour ; au milieu de ce chaos, l'Église de Rome a seule conservé et renforcé progressivement au cours des siècles

---

[1] Prov. VIII, 15. (NDÉ)

la forme de son gouvernement propre, basé sur une organisation hiérarchique qui va du plus humble paroissien au Souverain Pontife, chef suprême et absolu.

Lorsque Briand essaya d'amener le pape Pie X à bouleverser l'ordre hiérarchique de l'Église de France, celui-ci refusa net et rompit les relations diplomatiques avec le gouvernement de la République.

L'Église est une société parfaite, essentiellement religieuse, qui a pour but de sauver les âmes dans la foi du Christ. Mais d'un autre côté, si l'on fait abstraction de son caractère divin, elle nous présente un modèle de gouvernement, romain et impérial, qui, seul parmi tous les gouvernements de l'Europe, a résisté et résiste encore aux assauts du temps et aux erreurs des hommes.

Le dernier des paroissiens peut devenir pape, une fois que ses mérites l'auront amené aux suprêmes degrés de la hiérarchie ; mais un pape ne peut être destitué par personne et ne dépend de personne.

C'est là, historiquement, le dernier mot de l'organisation ecclésiastique, immuable au milieu des siècles ; il serait vain de le discuter.

Le Souverain Pontife est le serviteur des serviteurs du Christ.

L'organisation de l'Église, parfaitement démocratique à la base et aristocratique au sommet, est un monument de sagesse qui a victorieusement fait l'épreuve des siècles.

Société éminemment religieuse, l'Église reste étrangère aux diverses formes de gouvernement que les peuples prennent plaisir à se donner ; elle refuse de reconnaître le bien-fondé de la théorie démocratique affirmant que le pouvoir vient du peuple et doit être soumis à sa volonté aveugle ; l'immuable constitution de l'Église est une illustration de ses principes.

Nous entrons ici dans le vif de la question posée par le professeur Vanni. Il m'a demandé : « Avec quel œil l'Église regarde-t-elle la communauté humaine que nous appelons société ou état ? » Je réponds : « L'Église la regarde avec un esprit de profonde commisération. »

Certes nous pouvons admettre avec le professeur Vanni que la vie chrétienne, c'est-à-dire la vie individuelle du croyant, n'est pas soumise à des principes politiques autonomes. Le croyant peut faire le salut de son âme sous les régimes politiques les plus divers, et, lorsqu'il se trouve en face de régimes constitués, il doit les accepter. Son âme est en dehors et au-dessus de ces contingences.

Mais la vie chrétienne, constituée en organisation sociale, ne peut se déclarer indifférente aux lois qui en règlent le développement et l'existence. Peut-on croire que, pour le développement heureux de la vie religieuse et sociale selon les principes moraux du christianisme, il soit indifférent de respirer l'atmosphère empoisonnée du régime bolchevique ou celle du régime fasciste ? Certes non. Cette vérité admise, on reconnaîtra qu'un régime qui exalte l'idéal moral, religieux et social de l'Église est à coup sûr préférable. C'est encore le cas de parler ici des libertés civiles : un gouvernement honnête et sage est obligé de les définir clairement, de les restreindre et de les supprimer s'il le faut — n'en déplaise aux vieilles doctrines libérales — lorsque ces libertés menacent de dégénérer en licence, comme ce fut le cas en Italie, au grand dam de l'organisation nationale, de la morale publique et des intérêts suprêmes de la Patrie.

L'indifférence des catholiques devant cette question politique des plus graves, et même leur opposition radicale au gouvernement fasciste — opposition en parfait accord avec les principes de la social-démocratie —, voilà le fond de l'équivoque populaire que je me suis efforcé de démasquer à la lumière des doctrines incorruptibles de l'Église. Contrairement à ce que le professeur Vanni voudrait donner à entendre, il ne s'agit pas ici d'aller chercher dans le répertoire doctrinal la théorie (dont il tire le meilleur parti) d'une Église qu'il qualifie « d'empoisonnée » et qui selon lui, laisse faire ceux que la fortune favorise et semble même acquiescer à leurs actes.

Nous avons vu que l'Église ne renie point ses principes. Lorsque la doctrine libérale triomphait en Europe, dans la théorie comme dans la pratique, l'autorité religieuse suprême n'hésita pas à rappeler le troupeau des égarés aux principes fondamentaux de ses doctrines.

Mais l'Église est prudente ; ne possédant plus, pour son bonheur, la force matérielle, elle n'a nulle envie de susciter d'inutiles révoltes de consciences alors que les âmes ne sont pas en péril.

Bien des catholiques, hélas, ont été en coquetterie avec les doctrines démocratiques et le sont encore : tout d'abord, et avant les italiens, les catholiques français ; l'un d'entre eux, Georges Sorel, historien des plus pénétrants et libre de tout préjugé, écrivait ceci :

« Nos catholiques souffrent terriblement lorsqu'ils sont traités avec dédain par les hommes qui ont réussi à se faire considérer comme les représentants autorisés de la science moderne. » Et le même Sorel ajoutait : « C'est encore la vanité qui explique la politique républicaine des catholiques. Les familles dans lesquelles le principe royaliste reste vivant perdent leurs traditions au milieu du tourbillon de la vie moderne. S'ils prennent parti contre la République, les jeunes catholiques qui sortent des facultés de droit et de médecine se condamnent à l'isolement intellectuel et moral, tandis que par la voie électorale, leurs collègues républicains jouissent de toutes les satisfactions d'amour-propre ; bien des prêtres, avides de notoriété, croient qu'en se proclamant partisans de la démocratie ils pourront conquérir une popularité facile. Cet esprit de ralliement à la République n'a été menacé que le jour où Maurras a cherché à persuader les intellectuels que les principes de 89 étaient d'une sottise monumentale ; à telle enseigne que beaucoup, aujourd'hui, rougissent de s'être laissés tromper par les mensonges effrontés des politiciens. »

L'on peut constater que ces jugements de Sorel s'appliquent à certaines attitudes modernistes des populaires.

QUELQUES NOTES D'HISTOIRE

E N AUTOMNE 1919, le nouveau Parti populaire se préparait à entrer en lice pour la bataille électorale qui tourna à son avantage ; il briguait les suffrages des catholiques.

L'auteur de ces lignes ne voulut pas se faire inscrire dans le Parti populaire italien ; il ne se laissa pas tenter par la vaine et facile conquête de la *medaglietta* ; et il lui plaît de le rappeler aujourd'hui, pour justifier la logique de son attitude politique actuelle en face des populaires et des fascistes. Mais il publia dans le *Corriere d'Italia* un article dans lequel il traçait avec une suffisante clarté les lignes idéales d'une action qui aurait dû prendre corps parmi les catholiques ; il voulait la voir soutenue par les dirigeants du Parti populaire : beaucoup d'Italiens espéraient voir ce parti dresser une barrière solide contre le soulèvement des hordes rouges et apporter dans les mœurs parlementaires un esprit nouveau. Voici les points saillants de l'article, qui prend aujourd'hui une tournure presque prophétique :

« Le petit peuple italien, pénétré de christianisme, constitue la masse la plus saine et la plus avancée de notre pays ; il est resté fidèle aux traditions millénaires de la race ; en lui survit le culte de la foi antique de la famille, la force du travail, l'amour de l'art et de la terre ; aux prochaines élections, il va livrer sa grande bataille.

« Ce peuple, renouvelé par les souffrances et les sublimes sacrifices des terribles années de guerre, a le droit d'attendre de ses futurs représentants une sincérité, une foi et une volonté de bien faire qui soient vraiment dignes de lui.

« À une heure aussi grave pour les destinées de la patrie, il me semble qu'au-dessus des différentes tendances économiques, sociales et purement politiques du Parti populaire italien, on doive défendre, bien en face, avec une foi tranquille et sans la diminuer, l'idée qui resplendit dans sa grandeur et sa pureté. Il ne s'agit pas aujourd'hui de réaliser un nouveau programme politique, de remporter une victoire plus ou moins décisive sur les autres partis qui se mettent en ligne, partis dont les programmes plus ou moins démocratiques bannissent le contenu de l'humanisme chrétien, l'esprit et la poésie de l'idée de saint François, pure gloire italienne ; dans cet enfantement de forces mystérieuses dont nous ignorons la nature, la situation actuelle de l'Europe et du monde ne peut garantir une longue existence à la prochaine législature.

« Aujourd'hui, il s'agit d'animer la bataille politique par une flamme de foi qui la transfigure et l'éclaire d'une lumière idéale : en cela notre parti sera différent des autres partis.

« Il faut que, sur le dessin viril d'une doctrine à la fois moderne et antique, l'effigie spirituelle du Parti populaire italien apparaisse frappée en clair relief, intangible et nette, comme sur une belle médaille du quinzième siècle le profil d'un condottiere.

« Si ses chefs et ses soldats voulaient se laisser aller aux paroles et aux actes grossiers des énergumènes extrémistes, ou même aux vieilles méthodes des blancs et des noirs, les élus ne seraient pas assez nombreux pour assurer l'existence du parti. Les ombres retournent toujours au néant. Certains hommes se trouveront ou se trouvent déjà en contact avec les petites réalités locales ; ils doivent lutter pour s'en rendre maîtres ; à ceux-là, je pourrai sembler naïf d'affirmer qu'il importe plus de sauver la foi mystique que la force matérielle d'un parti ; mais pour se convaincre de la vérité, il suffit qu'ils se rappellent ou qu'ils lisent l'histoire de tous les grands mouvements politiques, en

Italie et dans les autres pays d'Europe. Dans les conjonctures actuelles par exemple, ils seraient mal reçus ceux qui essaieraient de diminuer devant le peuple la valeur de ses récents sacrifices et qui les mettraient en balance avec d'hypothétiques avantages matériels auxquels il aurait pu prétendre, s'il avait esquivé la guerre et ses souffrances. Il faut au contraire leur rappeler que l'indépendance d'une nation repose sur une vertu supérieure aux autres : le sacrifice. C'est dans le sang que se font les nations. Les peuples qui ne veulent plus se sacrifier, qui ne savent plus regarder la mort en face, ont déjà perdu leur patrie, et avec elle toutes les libertés.

« Nous ne devons pas oublier si vite la voix prophétique de Giosuè Borsi, le jeune héros qui restera sans aucun doute la figure la plus représentative et la plus rayonnante de la jeunesse chrétienne d'Italie, immolée pour la patrie et pour une idée de justice. Voici comment il terminait sa dernière lettre avant de mourir :

> *Amour et liberté pour tous, voilà l'idéal pour lequel il est beau d'offrir sa vie. Que Dieu rende fécond notre sacrifice, qu'il ait pitié des hommes, qu'il oublie et pardonne à leurs offenses, qu'il leur donne la paix, et alors, maman, nous ne serons pas morts en vain.*

« Si la lumière qui éclaire ce suprême appel pouvait pénétrer dans le cœur de tous les Italiens, le progrès moral de la patrie serait assuré. Mais c'est là le christianisme en action. Et c'est bien ainsi. Ce qui n'est pas engendré, avivé et fécondé par l'esprit du Christ n'est que vanité, corruption, mensonge. Rappelons-le, crions-le bien haut, à cette époque de bassesses et de tromperies savamment dissimulées sous la défroque et le maquillage des mots de "justice", de "liberté", d'"égalité" et de "progrès".

« L'Angleterre et l'Amérique, qui menaient l'Entente et qui étaient précisément les pays protestants de la ligue antigermanique, brandissaient plus haut que les autres puissances le drapeau de la justice égale pour tous, et du droit de libre disposition.

Mais en fait, elles n'ont cherché que le triomphe égoïste de gigantesques intérêts matériels et n'ont pas hésité à écraser les peuples : ainsi se trouvèrent mis à nu leurs faux principes démocratiques. L'exemple des chefs de l'Entente doit nous rendre méfiants à l'endroit de ces partis et de ces individus qui attaquent les vérités de la pensée catholique et se déclarent les défenseurs des principes de la démocratie rationaliste. L'Italie en marche vers la véritable civilisation, ne peut rien espérer de ces partis et de ces hommes qui ne songent qu'à leurs intérêts particuliers.

« Dans le passé, les classes gouvernantes n'ont pas su donner à l'école sa dignité propre ; alliées à diverses fractions de la soi-disant démocratie, elles font maintenant obstacle à l'enseignement libre. Leur misère spirituelle, il faut la faire constater et comprendre au peuple qui, dans sa noblesse, est certainement capable de répudier ces classes dirigeantes. Il faut donc lui apprendre qu'à part les justes revendications économiques auxquelles il a tout à fait droit, il existe des biens d'un ordre supérieur. Malgré son importance, le bien-être matériel ne représente qu'une faible partie du bonheur humain, d'ailleurs relatif. Représentons aux paysans et aux artisans la valeur incomparable des affections domestiques, des vertus traditionnelles de la race. Appelons à la rescousse la partie la plus saine du pays pour défendre les institutions familiales menacées par la loi du divorce ; défendons les extrêmes avances de notre glorieuse civilisation italienne contre les spécieuses doctrines philosophiques venues de l'autre côté des Alpes ; cherchons, s'il est possible, à ne pas nous abâtardir en singeant les lois, les usages et les coutumes des étrangers. Que vive en nous la fierté de rester Italiens par l'esprit, par la vie et par la pensée, protégés par l'ombre de Dante, de saint François d'Assise, et de tous nos plus grands saints, nos plus grands penseurs et nos plus grands artistes. Dans toutes les villes et dans les plus petits villages, et le long des sentiers des campagnes les plus solitaires, sur le continent et dans les îles, nous trouverons les vestiges de notre véritable grandeur, rappels toujours présents à l'idée que nous devons défendre et sauver du naufrage. Voilà la cathédrale vénérable dans sa beauté, et voilà l'humble chapelle de campagne où nos pères furent baptisés, où leurs saintes épousailles furent bénies, et près de laquelle se cache leur sépulture.

« Les apôtres de l'idée populaire chrétienne savent trouver les paroles qui touchent les fibres les plus profondes des cœurs simples, capables d'aimer et de comprendre les grandes vérités, et surtout de les vivre. Faisons en sorte que les pierres des maisons, les lignes du paysage, la terre et le foyer parlent à l'esprit des masses rassemblées pour les élections. Que la grande bataille qui se prépare soit pénétrée d'un souffle de grâce qui vienne du Ciel. Ce que la haine a détruit, il faut que l'amour le reconstruise.

« Ayons les yeux tournés vers Assise comme vers notre Orient. Le soleil qui apparaît à la cime du mont Subasio a éclairci les ténèbres du Moyen Âge ; il peut aussi dissiper les nuées du monde moderne. Ce n'est pas la parole de Lénine qui fera foi, mais le verbe immortel de saint François. Ce grand esprit d'amour, apparu dans un siècle brûlé de haine et saturé d'injustice, a voulu avec ferveur "que les grands se mêlent aux petits, que les sages fraternisent avec les simples, que les hommes éloignés par la distance s'unissent ensemble par un lien d'amour". »

Voilà ce que j'écrivais en octobre 1919. À cette époque la propagande de haine faisait rage en Italie. Mon appel aux catholiques pour faire œuvre de paix au sein des masses, surtout celles des campagnes, resta sans écho ; il parut même aux partisans de Miglioli que, pour ramasser des voix aux élections, l'occasion était excellente de suivre les méthodes socialistes de la lutte des classes. Le catholicisme des populaires renonça à tout développement de l'idée religieuse dans la vie italienne, et, pour paraître moderne, il préféra se donner une teinte rouge.

Plutôt que d'arrêter la conquête des administrations publiques par les bolchevistes, le centre du parti pratiqua dans bien des cas la tactique de l'abstention ; il se désintéressa de la lutte pour les élections communales, surtout dans les grands centres. C'est d'ailleurs ce qui ressort de la confession de quelques-uns des représentants les plus autorisés du Parti populaire. Lorsque le député Mattei Gentili fut expulsé du Parti populaire, au cours de la dernière crise qui en détermina la dislocation, le sénateur Cesare Nava lui écrivit une lettre que publia le *Corriere d'Italia* le 27 juillet 1923 ; on y lit textuellement ceci :

« Je me suis trouvé devant le même cas de conscience que toi, il y a quelques années, lorsqu'il s'agissait d'empêcher les bolcheviks de s'emparer de la commune de Milan, et que les dirigeants locaux du parti, approuvés par Rome (c'est-à-dire par don Sturzo), déclarèrent que la chose ne les intéressait pas et proclamèrent leur abstention. »

Le bien du pays passait presque toujours en deuxième ligne lorsqu'il s'agissait des intérêts immédiats du parti ; d'ailleurs celui-ci se préoccupait uniquement de conserver et d'augmenter si possible, après chaque crise ministérielle, le nombre des portefeuilles entre les mains de ses plus fidèles sectateurs.

L'action des populaires fut réglée par les principes du plus parfait opportunisme : avec une égale désinvolture, ils s'allièrent tour à tour avec les socialistes, avec les démocrates libéraux et, après la marche sur Rome, avec les fascistes. Mais au sein du parti, les tendances de gauche étaient les plus fortes, malgré l'attitude modérée de don Sturzo ; les populaires marchandèrent donc aux nouvelles forces nationales l'appui généreux et loyal qui leur était nécessaire pour mener à bien la rude et pénible entreprise de la reconstruction. Et bien qu'ils fissent figure, en paroles, de vouloir aider le gouvernement, ils préparaient en secret l'insurrection parlementaire qui aurait dû le renverser.

Mussolini écrivit sa fameuse lettre au député Cavazzoni ; puis, suivant son habitude, il trancha d'un seul coup le nœud d'une équivoque qui tendait à se perpétuer, à se stabiliser par l'étrange situation des populaires dans l'opposition. Il prit acte

des sentiments du Congrès de Turin et des déclarations antifas-
cistes de don Sturzo : celui-ci admettait le principe du nationalisme, mais, dans un stade ultérieur, il voulait le triomphe de
l'idée internationale : c'était se mettre à la mesure des socialistes
et autres détracteurs de la patrie.

En même temps le Duce déclarait ouvertement que, combattant le Parti populaire en tant qu'ennemi du fascisme, il n'avait
nullement l'intention de faire une politique antireligieuse et
encore moins anticléricale ; par ses actes comme par ses paroles,
il se montrait attaché aux traditions catholiques et aux suprêmes
ministères spirituels du Souverain Pontife et des évêques.

Fermement catholique et romaine, la politique ecclésiastique de Mussolini se démontrait ainsi totalement opposée aux
tendances modernistes et libertaires des populaires « teinte »
don Sturzo.

Naturellement, beaucoup de populaires qui étaient de bons
catholiques commencèrent à ouvrir les yeux ; le parti subit une
crise intérieure, dont la cause accidentelle fut le fameux vote de
la loi électorale, mais qui avait des racines très profondes dans
les consciences de bien des catholiques populaires ; elle détermina le schisme sur le terrain politique.

Les populaires teinte don Sturzo firent pleuvoir les excom-
munications majeures sur les schismatiques, aux applaudisse-
ments des francs-maçons et des protestants d'Italie.

Cela s'explique par un fait sur lequel j'ai plus d'une fois
insisté au cours de ces pages : l'esprit de la gauche du Parti
populaire s'inspire des principes du modernisme, non seulement
en matière politique, mais également dans sa conception religieuse et doctrinale du christianisme et de l'Église.

Pour comprendre la dernière attitude du chef et fondateur du
Parti populaire, il faut se souvenir de ses origines. Et celles-ci lui
furent rappelées par M. Donati, actuellement directeur du
Popolo, le grand organe de don Sturzo ; en 1919, après le premier Congrès Populaire, ce même Donati, mécontent de don

Sturzo et de sa prudente attitude orthodoxe, écrivait dans le journal l'*Azione* :

« Aujourd'hui, ayant moi aussi perdu mes illusions, j'éprouve l'amer désir de comparer les paroles prudentes de don Sturzo avec les paroles si sincères qu'a prononcées il y a peu de jours son ancien maître, qui fut aussi le nôtre : Romolo Murri. Celui-ci a déclaré ne pas croire possible un renouvellement réel de la conscience nationale en dehors de la religion chrétienne ; et, suivant lui, cette religion ne peut à son tour se concevoir que comme un renouvellement adéquat des institutions religieuses, qui ont une influence directe sur les consciences.

« Que de contrastes et quels contrastes !

« Si le Parti populaire veut, sur ce point capital, suivre la politique de don Sturzo, qu'il le fasse. La réalité sera plus forte que sa volonté. »

Donati fut bon prophète. Les évangélistes anglo-saxons donnèrent leur approbation à la toute nouvelle attitude des vieux démocrates-chrétiens d'Italie, pleins d'amour pour les libertés démocratiques foulées aux pieds, et ennemis farouches de la politique italienne catholique du fascisme mussolinien ; il n'est pas nécessaire d'être très clairvoyant pour voir que ces démocrates sont sortis de la tradition religieuse nationale et sacrifient aux principes tenus en honneur par les adversaires les plus redoutables et les plus acharnés de l'Église catholique.

Après leur défaite dans la lutte pour la « Proportionnelle », les populaires espéraient tenir leur revanche en attaquant en face le fascisme dans la personne et dans les idées de M. Giovanni Gentile, ministre de l'Instruction publique.

C'est dans les colonnes de *Il Mondo*, journal de Nitti, du *Popolo Nuovo*, organe des populaires, et de *Conscientia*, organe des protestants, que commença l'attaque contre la réforme scolaire de M. Gentile.

Le 15 décembre 1923, la revue *Conscientia* publia un article intitulé « L'esprit du fascisme ». On y lit :

« Jusqu'à ces dernières semaines, le Parti populaire n'avait osé apporter à la réforme Gentile que quelques réserves d'ordre technique ; bien que ce fût à contrecœur, il avait dû en faire l'éloge. Mais ces jours derniers, le *Popolo Nuovo*, organe officiel du parti en question, a changé complètement d'attitude ; un de ses interprètes les plus autorisés, Giulio de Rossi, a pris ouvertement parti contre la réforme. Il choisit pour prétexte l'introduction de l'instruction religieuse dans les écoles et prétend que tout bon catholique devrait y être opposé, parce qu'elle est conçue dans un esprit anticatholique, c'est-à-dire idéaliste ; passant ensuite à la question de l'enseignement de la philosophie au lycée, il critique l'exclusive courageuse prononcée par Gentile à son corps défendant contre saint Thomas.

« L'idéalisme catholicisant — dit de Rossi — c'est-à-dire la doctrine du fascisme, est encore anticatholique ; les catholiques — les vrais catholiques, et non les populaires — doivent repousser ceux qui profanent la véritable religion. Toute la partie de la doctrine catholique qui est pénétrée d'idéalisme doit être tabou pour les catholiques timorés. Ces assertions sont particulièrement graves sous la plume d'un des chefs du mouvement catholique ; elles permettront au public d'éclairer sa propre religion. »

N'est-ce pas là un spectacle de touchante fraternité ? Le grand organe des missionnaires du dollar s'efforçant d'orienter les catholiques sur la voie du catholicisme orthodoxe par le truchement de don Giulio de Rossi, porte-étendard de don Sturzo et très fidèle sectateur de ce Donati qui, à la fin de 1919, estimait nécessaire de renouveler les institutions religieuses de l'Église. Mais il n'est pas difficile de comprendre comment les protestants, campés dans Rome et menaçant le Vatican, doivent être indulgents à l'endroit de ceux qui combattent le gouvernement fasciste, même au nom de ce « pauvre saint Thomas » ; le gouvernement fasciste n'est-il pas en effet le défenseur le plus sûr et le plus courageux du catholicisme romain ?

Et maintenant, il est bon de proclamer hautement ceci : pour les catholiques, il ne peut et il ne doit exister qu'un christianisme romain ; les institutions religieuses de l'Église de Rome sont parfaites, et par conséquent ne sont pas susceptibles d'être rénovées.

Christ est romain, comme l'écrivait Dante. Notre dévouement au siège de saint Pierre, au légat de saint Pierre dans le monde, est inébranlable, absolu. En dehors de l'enceinte des murailles sacrées de Rome, qui se révolte contre saint Pierre est hérétique et barbare.

Mais pourquoi les populaires, avec leurs idées modernistes, s'acharnent-ils contre la réforme Gentile ? Serait-ce pour des motifs purement philosophiques, procédant peut-être d'un sentiment de parfaite orthodoxie ? Les catholiques italiens doivent savoir ou se rappeler que les partisans de la vieille démocratie à la Murri se sont réfugiés dans les rangs des populaires « pur sang », qui veulent mettre la philosophie de saint Thomas d'accord avec les doctrines de la démocratie moderne ; n'y a-t-il pas là motifs à une juste rancune contre M. Gentile, aujourd'hui ministre de l'Instruction publique ?

Jusqu'en 1903 M. Gentile lutta énergiquement contre les compromis modernistes de Romolo Murri. Il fut le premier en Italie à mettre pleinement en lumière la vanité des idées de ce dernier, qui prétendait concilier le dualisme scolastique avec les tendances démocratiques modernes. Puis dans son essai sur le modernisme et l'encyclique *Pascendi*, M. Gentile défendit ouvertement l'attitude de Pie X, au nom de la logique et de la théologie catholiques ; il mit le doigt sur la question des rapports entre le catholicisme et la démocratie ; et comme la position théorique des populaires d'aujourd'hui est, en substance, la même que celle des modernistes à la Murri, on peut, pour les mêmes fins, citer l'argumentation exposée alors par M. Gentile :

« La conception démocratique, telle qu'elle est préconisée par Tyrrell, a pu servir ensuite à Loisy et aux chefs du mouvement moderniste pour justifier leur résistance à l'encyclique : c'est là un passionnant problème de psychologie, pour lequel le public a montré l'intérêt le plus vif. Au demeurant, ce sont les théologiens du Saint-Siège qui, ici encore, font meilleure figure... Avant tout : démocratie ; américanisme. Bon, mais qu'est-ce que la démocratie ? Si toute valeur est mise en Dieu, la démocratie est la divinisation du peuple, c'est-à-dire de l'individu tel que la nature l'a fait. Et nous en sommes toujours à ce point-là. Si vous ne cherchez pas d'autre Dieu que celui qui se réalise dans l'esprit humain, votre position est soutenable : vous êtes des démocrates, mais vous n'êtes pas des catholiques, et vous avez nié la religion en tant que religion ; Dieu est pour vous un fait d'expérience ; c'est l'esprit qui s'explique lui-même et qui a en soi une valeur propre. Mais vous prétendez être des catholiques, et vous ne voulez pas être confondus sur tous les points avec cette démocratie qui ne veut plus rien savoir du catholicisme, parce qu'il met toujours son Dieu en dehors de ce monde — le seul monde qui existe suivant les théories démocratiques.

« Vous êtes d'accord avec le pape pour croire que le vrai Dieu est au-dessus de la nature et des hommes. Et, partant, vos principes élèvent des autels à ce qui n'a rien de divin en soi : voilà la grâce réduite à la nature où règne le péché ; cela n'est plus de la démocratie, encore moins de l'anarchie : c'est du nihilisme. Quand vous conservez le dualisme ancien entre Dieu et les hommes, non seulement vous niez le catholicisme, qui parle de l'Homme-Dieu, mais vous niez jusqu'à la possibilité de toute religion de l'homme. C'est une doctrine de destruction et non de construction. »

Les démocrates-chrétiens ne peuvent pardonner à M. Gentile de les avoir ainsi placés devant un aussi terrible dilemme et d'avoir mis à nu l'équivoque dans laquelle ils se débattent toujours ; et aujourd'hui, ils s'insurgent contre sa réforme scolaire et se donnent l'apparence de la combattre au nom de l'orthodoxie. Ils affirment que Gentile se propose de réaliser l'introduction de l'enseignement religieux à l'école dans un esprit anticatholique — ce qui en fait voudrait dire en désaccord avec la suprême autorité ecclésiastique — mais ils savent bien qu'ils sont de mauvaise foi.

C'est une campagne essentiellement politique, et non point doctrinale, qu'ils mènent contre les projets honnêtes du gouvernement national en attaquant la personne et l'œuvre du ministre Gentile ; c'est pourquoi les catholiques italiens ne doivent pas perdre de vue la valeur objective des grands avantages réels que l'Église et ses ouailles peuvent retirer de la politique religieuse du gouvernement fasciste.

Le sectarisme du Parti populaire, honteusement battu dans l'arène politique, essaie de se refaire une virginité catholique doctrinale en attaquant l'idéalisme de Gentile : c'est un spectacle pitoyable et grotesque.

Cette campagne me rappelle d'une manière singulière celle qui fut menée en France sous le pontificat de Pie X par les démocrates-chrétiens, partisans de Marc Sangnier, contre le nationaliste Charles Maurras. Ces frères aînés de nos populaires se mirent en tête d'obtenir du Pape la condamnation de Maurras, car ils se targuaient d'avoir à Rome, et jusqu'à la Curie, des amitiés nombreuses et puissantes. Un prélat à principes démocratiques se présenta un jour devant Pie X et, après lui avoir dépeint Maurras sous les couleurs d'un philosophe athée, il essaya de le persuader de mettre à l'Index tous les ouvrages de l'écrivain nationaliste français. Le Pape le regarda froidement et répondit :

« Plutôt que de vous occuper de ces choses-là, allez donc lire votre bréviaire : vous êtes prêtre. Moi, j'admire en Maurras l'un des plus grands défenseurs de l'Église. »

———

FASCISTES ET CATHOLIQUES

LES DERNIÈRES élections politiques ont démontré la scission profonde qui existe en Italie entre les populaires et les catholiques nationaux.

Suivant une progression toujours constante, la liste populaire avait atteint aux élections de 1921 un total général d'un million trois cent cinquante-six mille huit cent soixante-quatre voix ; ces suffrages se sont trouvés réduits de moitié environ. Par centaines de mille les catholiques ont voté pour le gouvernement fasciste et condamné d'une manière décisive les doctrines « populaires » de don Sturzo. Mais ces bons résultats ne doivent pas ralentir les efforts des catholiques italiens pour réaliser l'unification de la conscience catholique et italienne ; cette unification sera d'ailleurs battue en brèche par tous les moyens par les populaires dissidents qui font cortège à don Sturzo au parlement et dans le pays.

De son côté le gouvernement fasciste devra, par tous les moyens, favoriser l'œuvre des catholiques nationaux ; il restera inflexiblement dans la ligne de sa politique religieuse, et mettra dans la réalisation de son plan une vigoureuse logique et une prévoyante fermeté. Sous aucun prétexte, il ne faut qu'il s'écarte de la voie qu'il s'est tracée, voie qui, pour le bien de l'Italie, devra le conduire à la solution définitive de la question romaine.

Tous les ennemis de l'Italie, à l'extérieur comme à l'intérieur, ont intérêt à s'opposer à la réalisation de cet idéal religieux et politique dont l'importance est considérable. Aussi faut-il que le fascisme combatte toute l'idéologie moderniste qui tend à rompre l'unité spirituelle, c'est-à-dire l'unité catholique du pays.

Il faut que la doctrine nationale fasciste prenne nettement sa place dans le cadre de la doctrine catholique et ne se laisse pas corrompre par des infiltrations de la franc-maçonnerie et de la démocratie : il faut enfin qu'elle s'oppose à la tenace propagande des protestants qui voudraient faire la conquête spirituelle de l'Italie et arracher à Rome la suprématie qu'elle exerce sur le monde civilisé depuis bientôt deux mille ans.

Les missionnaires évangéliques américains, apôtres parfaits de cette religion hypocritement humanitaire dont le président Wilson fut le pontife le plus autorisé, sont effrayés des énormes progrès du catholicisme aux États-Unis et en Angleterre : ils ont cru pouvoir le combattre utilement avec l'arme du dollar, sous le masque de la philanthropie.

Ils voudraient décatholiciser Rome et l'Italie ; ils croient que dans ce but ils peuvent acheter les âmes.

Le fascisme doit reconnaître en eux ses ennemis ; aujourd'hui comme au temps de Luther, alors que l'Angleterre, une grande partie de l'Allemagne et d'autres pays du Nord se détachèrent de Rome, le protestantisme est l'incarnation suprême d'un esprit nationaliste, anti-italien, germanique et anglo-saxon.

La suprématie politique, au sens absolu, ne peut exister que si elle est issue de la suprématie spirituelle. C'est pour ce motif que les grandes nations ont toujours eu leur église et l'ont énergiquement défendue. Les Romains comprirent si profondément cette vérité qu'ils imposèrent à tous les citoyens de l'Empire le culte de Rome et d'Auguste ; c'est Tacite, leur historien le plus pénétrant, qui a écrit cet aphorisme : « *Novarum religionum cupido pessima* » (le désir de religions nouvelles est le pire des maux). Et lorsque le christianisme triompha, Constantin reconnut et voulut donner à l'Église catholique ce caractère romain d'universalité, de privilège, qui seul pouvait garantir l'existence de l'Empire.

L'unité religieuse d'une nation est la condition essentielle de son expansion dans le monde : et pour les catholiques, cette expansion est une mission civilisatrice. Il ne s'agit pas d'« asservir » l'idéal religieux pour des fins d'hégémonie politique, ainsi que les démocrates-chrétiens le reprochaient aux fascistes ; il s'agit de conquérir ce poste d'honneur et de légitime puissance mondiale auquel l'Italie a droit, en vertu même de cet idéal : c'est bien différent et c'est parfaitement juste.

Le fascisme a admirablement compris combien était pernicieux pour l'Italie l'anticléricalisme d'origine franc-maçonnique, c'est-à-dire internationale, cet anticléricalisme des sociaux-démocrates, greffé sur le protestantisme ennemi de Rome.

Les populaires ont cru que, sur le terrain de la liberté, il était possible de concilier la démocratie anticléricale avec la conscience catholique.

Quel est le principal reproche que les populaires du *Popolo* font aux nationalistes catholiques italiens ? C'est précisément de ne pas croire au progrès, d'être des cléricaux.

Les populaires croient effrayer leurs adversaires par le mot de « cléricalisme » qui faisait si peur aux demi-consciences catholiques d'il y a cinquante ans. En réalité, ils ne sont pas de leur temps ; ils sont singulièrement retardataires tout en se croyant à l'avant-garde de la pensée moderne.

Mais il reste à faire une douloureuse constatation : c'est que, plus ou moins consciemment, ils servent les fins de la propagande protestante en Italie.

À quoi vise cette propagande ? À détruire les bases de la foi catholique par l'idée révolutionnaire du progrès dans le domaine de la religion. Il y a quelques années, un savant jésuite français, le Père Fontaine, a très bien décrit et mis en lumière l'œuvre d'infiltration pénétrante des protestants au milieu du clergé et des laïques français. La même chose se produit aujourd'hui. Ils essaient d'instaurer la religion de l'avenir, c'est-à-dire une foi libre et individuelle, où l'unique autorité serait l'autorité propre de chacun, une foi sans culte ni dogme, dépouillée de tout esprit clérical, bref un credo laïque et socialiste. C'est là une anarchie mystique qui présente l'essence même de l'américanisme religieux.

L'anarchie mystique gagne toujours les âmes chez lesquelles se perd le sens de la discipline et du respect pour l'autorité religieuse et civile.

———————

L'ÉGLISE ET L'ÉTAT

―――――

LES RAPPORTS entre l'Église et l'État ne doivent pas être faussés par des malentendus réciproques. Il convient donc que les fascistes aient une notion claire et exacte de la conception catholique de l'Église et de l'État ; il faut également qu'en jugeant le nouveau régime, les catholiques oublient les petits conflits communaux auxquels il a donné naissance, et qui furent seulement des épisodes ; il faut au contraire qu'ils sentent le superbe élan vital de ce mouvement de reconstruction destiné à mettre l'Italie à la tête de la civilisation nouvelle.

La majorité des laïques qui parlent et même écrivent des choses ecclésiastiques ne connaissent et n'ont cure de reconnaître l'origine et la nature des rapports que la doctrine séculaire de l'Église romaine a établis entre l'Église et l'État ; et cependant leurs discours et leurs écrits viennent souvent inquiéter l'opinion publique, pour le plus grand profit des ennemis de l'Église et de l'Italie.

Pour tous les catholiques, l'Église est une institution divine qui remonte à Jésus-Christ, son fondateur ; la conséquence logique en est que l'Église est immuable, c'est-à-dire indéfectible.

Le but le plus immédiat de l'Église, c'est de sanctifier les hommes ; son but lointain, c'est de leur donner la béatitude éternelle.

L'Église est une société juridiquement parfaite ; non pas seulement une simple association d'hommes unis par un lien de solidarité quelconque, mais bien une organisation basée sur des obligations d'une rigoureuse justice, en vertu de laquelle ses membres sont tenus d'observer fidèlement leurs devoirs. Comme société juridique qui a derrière elle vingt siècles d'histoire, l'Église a le droit d'exiger de ses fils une obéissance absolue en matière de foi et de morale.

Cette autorité de l'Église est légitime et elle est reconnue par de nombreux juristes, même parmi les non-catholiques. Dans ses leçons sur le droit ecclésiastique, le professeur Simonetti de l'Université de Rome accepte cette autorité ; il remarque « que les sciences juridiques ont toujours commis une grave erreur de jugement : elles ont permis que les inimitiés politiques contre l'Église aient pour résultat de faire oublier son droit séculaire ».

L'Église est une société distincte de la société civile. Elle en est distincte par son origine, par ses fins qui sont spirituelles et surnaturelles et par les moyens — comme la foi et les sacrements — dont elle dispose pour réaliser ces fins. La société civile au contraire ne dispose que de moyens naturels et temporels et ne tend qu'à des fins temporelles et naturelles. La constitution de l'Église, fondée sur une hiérarchie d'ordre divin, est une monarchie absolue : tout le pouvoir de juridiction se concentre en effet dans son chef, le Souverain Pontife.

L'Église catholique est infaillible en matière religieuse et morale, grâce à la présence continuelle du Saint-Esprit, elle est indéfectible dans son organisation sociale ; elle n'admet donc aucun changement essentiel à sa forme constitutive.

L'Église diffère de la société civile et elle en est indépendante ; cela en raison de ses fins spirituelles et surnaturelles. Consciente de ses droits, elle a toujours revendiqué sa propre indépendance à travers les vicissitudes d'une histoire deux fois millénaire, au cours de laquelle elle a courageusement et victorieusement affronté toutes les formes de la persécution et de l'hérésie.

★ ★ ★

Les principales erreurs que l'Église condamne comme des crimes contre son autorité suprême trouvent leur expression d'une part dans les erreurs issues du protestantisme luthérien (car celui-ci prend comme règle unique de la foi le principe de la raison individuelle), d'autre part dans les erreurs issues du système étatiste qui établit la suprématie de l'État sur l'Église. C'est l'erreur du gallicanisme, auquel s'apparente après diverses transformations la théorie moderne du libéralisme : elle refuse à l'Église tout caractère juridique et la réduit à n'être qu'une simple association d'individus unis entre eux par un lien religieux.

Dans son volume classique sur le libéralisme, le cardinal Deschamps définit ainsi le mouvement : une doctrine politique qui n'admet dans l'organisation sociale qu'une seule puissance souveraine et indépendante, l'État, et qui nie l'existence, la distinction, l'harmonie nécessaire des deux pouvoirs : le pouvoir civil ou temporel et le pouvoir religieux ou spirituel.

Les libéraux peuvent se subdiviser et se classer comme suit : 1º les libéraux absolus, qui affirment la dépendance de l'Église vis-à-vis de l'État ; 2º les libéraux modérés, qui déclarent reconnaître l'Église comme société indépendante de l'État, mais n'admettent pas la nécessité d'un accord réciproque entre les deux pouvoirs ; 3º les libéraux catholiques auxquels appartiennent en fait les populaires qui, tout en rejetant en paroles le libéralisme, acceptent les postulats essentiels de son rejeton direct, le socialisme. Les libéraux catholiques prétendent que l'Église est non seulement une société juridique, mais même qu'elle est supérieure à l'État, en raison des fins surnaturelles qu'elle se propose ; ils admettent cependant que, étant données les conditions des temps modernes, le système de la séparation est juste, opportun et rationnel.

La doctrine de l'Église repousse ces trois formes de libéralisme ; elle les réfute pour des raisons de première valeur sur lesquelles il ne convient pas de s'étendre ici.

L'Église catholique, avons-nous dit, est une société juridique ; en outre, elle est selon le droit des gens une personne juridique internationale et un état *sui generis* auquel, aujourd'hui comme par le passé, différentes nations civilisées reconnaissent le droit d'entretenir des missions diplomatiques, en vertu de sa nature et de sa mission spirituelle dans le monde.

Le Siège apostolique est indissolublement lié à Rome. Même si le pape ne résidait pas à Rome, il resterait l'évêque de Rome ; et il n'est pape qu'en tant qu'il occupe le siège romain. C'est la doctrine de l'Église, elle ne souffre pas de discussion.

Le pape est souverain en sa qualité de chef de l'Église catholique, société juridique parfaite et indépendante des différents états. Cette souveraineté n'est pas simplement honorifique : elle est réelle, effective. On peut nous objecter qu'on ne peut la reconnaître au pape parce qu'il ne possède pas un territoire propre ; à cela nous répondrons que, selon l'opinion de nombreux juristes modernes, la possession du territoire n'est pas une condition essentielle de la souveraineté. Selon le droit international, la souveraineté est fondée sur la juridiction et même depuis la perte de son pouvoir temporel, il n'y a personne qui ne reconnaisse au pape la juridiction effective et universelle sur toute la hiérarchie catholique.

D'ailleurs le caractère souverain du Saint-Siège a été reconnu même par un libéral comme Ruggero Bonghi, qui a écrit ceci[1] : « On peut soutenir qu'ayant été souverain d'un grand état, et en ayant perdu la plus grande partie, le pape est cependant resté souverain de la partie qui ne lui a pas encore été prise, quelque petite qu'elle soit, et dont il a encore la possession... Le Vatican lui appartient toujours ; c'est le fondement de sa souveraineté, et le titre lui en a même été reconnu par une loi du royaume d'Italie ; c'est dans cette souveraineté que survivent intacts, quoique bien diminués, ces droits qui s'exercèrent dans le passé sur une base plus large. On peut affirmer que si les droits du gouvernement italien sur le territoire pontifical lui sont venus

---

[1] Cf. *Nuova Antologia*, 10 janvier 1883, p. 94.

par la conquête, le territoire sur lequel se trouve le Vatican n'a pas été conquis par lui ; si ces droits ont été acquis au gouvernement italien par le suffrage populaire, ceux qui résident au Vatican n'ont pas voté. »

★ ★ ★

Les libéraux admettent le principe de l'indépendance du pouvoir religieux vis-à-vis du pouvoir civil ; mais ils estiment que la forme la meilleure pour régler les rapports entre l'Église et l'État doit être la séparation.

Le député Salandra, excellent italien, mais libéral de vieille roche, se fait l'apôtre de cette conception ; il prétend que, dans l'État, le sentiment de la patrie doit l'emporter sur le sentiment religieux ; comme si le second devait diminuer le premier, au lieu de l'exalter.

Voilà donc les deux sentiments les plus nobles mis en opposition et presque déclarés incompatibles l'un avec l'autre ; une pareille conception permet de mesurer les préjugés et la mentalité caractéristique de ces hommes : ils sont d'une génération qui a assisté au conflit entre les deux pouvoirs et qui ne comprend pas que ces événements appartiennent définitivement au passé. Peut-on affirmer que, dans un pays qui a réalisé sa véritable unité, les intérêts de l'État doivent être en conflit avec ceux de l'Église ? La dernière guerre a été l'occasion de témoignages éclatants d'amour de la patrie, non seulement parmi les catholiques non ecclésiastiques de différents pays, mais aussi parmi des évêques et des prêtres. Il suffirait de rappeler l'exemple du cardinal Mercier.

Jetons maintenant un regard sur l'histoire des relations entre l'Église et l'État dans un certain nombre de pays européens : nous verrons comment la collaboration du pouvoir religieux et du pouvoir civil aboutit à une plus grande puissance d'expansion, engendre des périodes de paix glorieuse et de progrès politique.

La paix réalisée par l'Empire romain sous Constantin ne fut possible que lorsque sur l'aigle de César brilla le signe de la Croix. L'Église romaine, devenue religion d'État, ne manqua jamais d'apporter à l'Empire une aide efficace. La soumission aux lois civiles fut enseignée par le Christ lui-même : « Rendez à César ce qui est à César... » Saint Pierre, le premier pontife, commande dans sa première lettre : « Respectez le roi. » De même saint Paul prêche énergiquement l'obéissance aux princes parce que, dit-il, ils représentent Dieu lui-même.[2]

La conception de l'*imperium romanum* était si profondément enracinée chez le peuple que l'on y faisait allusion jusque dans les oraisons de la messe. Dans le Sacramentaire de saint Léon, on prie Dieu « qu'il lui plaise de renverser les ennemis du nom romain et les adversaires de la confession catholique » : *Hostes romani nominis et inimicos catholicae professionis expugna.* Saint Ambroise nous parle des « empereurs bien-aimés, fils et défenseurs de l'Église ».[3]

L'idéal du nationalisme le plus ardent n'est pas le moins du monde en opposition avec la doctrine des Pères de l'Église ; il répond même à leurs traditions et à leur enseignement.

Voici ce que Tertullien a écrit dans son Apologétique : « Prions pour tous les empereurs ; faisons des vœux pour leur longue existence, pour la sûreté de l'Empire, pour que la maison soit pourvue, que les armées soient fortes, que le Sénat soit loyal, que le peuple soit bon, que le monde vive en paix. »

Et qui ne se rappelle les lamentations de saint Jérôme, le cri de douleur et de honte qui jaillit de l'âme de ce grand saint devant le spectacle des milices romaines dégénérées, incapables de défendre contre les barbares le prestige de Rome ? « Ô déshonneur, s'écrie saint Jérôme, l'armée romaine victorieuse du monde, maîtresse du monde, a peur, tremble, est vaincue... Ô empire infortuné ! Les Pannoniens et les Hérules t'ont dévasté.

---

[2] Rom. XIII, v. I. *sqq.*
[3] Sermon *Contra Auxentium.*

Dans la cité règne la faim ! Hors de la cité, les glaives ennemis. Ce n'est pas pour sa liberté mais pour sa vie que Rome a combattu. Combattu ? Non, elle a vendu ses trésors domestiques, elle a donné son or pour vivre ! Le monde romain est à son déclin. Je pleure sur la mort du monde entier ! »[4]

La voix de saint Jérôme est la voix même de l'Église catholique, témoin et fidèle gardienne de la grandeur impériale.

L'éminent historien français Gaston Boissier, se posant nettement la question de savoir si le christianisme est responsable de la ruine de l'Empire romain, répond sans hésitation : « L'Église n'a pas trahi l'Empire et la civilisation ; au contraire, elle a sauvé tout ce qui, dans cette civilisation, était encore viable. »

L'Église a conservé à travers le Moyen Âge et a glorifié dans la Renaissance les monuments de la pensée classique ; elle conserve encore vivant l'esprit de notre langue maternelle, le latin, qui est sa langue officielle.

On peut dire en vérité que l'Église a sauvé l'âme de l'ancienne Rome. Aujourd'hui, si nous pouvons nous appeler Romains, c'est parce que nous sommes catholiques.

Examinons maintenant les relations entre l'Église et les états catholiques, du Moyen Âge aux temps modernes : nous verrons comment les grands saints et les docteurs de l'Église ont toujours proclamé la nécessité d'une intime union entre le pouvoir religieux et le pouvoir civil.

Le fameux Pier Damiani disait : « La personne du pape est liée à la personne du Souverain par un intime rapport d'unité, de sorte que par un certain lien de charité réciproque le Roi se confond avec le Souverain Pontife et le Souverain Pontife se confond avec le Roi. »

---

[4] Épître III. *Ad Eliodorum.*

Dans l'âme de Dante, notre ancêtre, devait se former et rayonner la vision de l'univers illuminé par les deux symboles victorieux : l'Aigle et la Croix.

L'Empire carolingien naquit et s'affirma dans le monde grâce à l'intime harmonie entre les deux pouvoirs. La monarchie française se consolida sur les bases inébranlables de l'Église catholique. Et si l'Église combattit les empereurs d'Allemagne, ce fut encore pour défendre l'hégémonie de la latinité. De Charles-Quint à Philippe II, les empires ne doivent-ils pas à l'Église une grande partie de leur splendeur ? Napoléon lui-même, sorti de la révolution et condamné par elle, sentit la nécessité de faire consacrer sa couronne par le pape.

Voilà ce que nous dit l'histoire.

Le désaccord entre le pouvoir civil et le pouvoir religieux, conséquence inévitable du système de la séparation prôné par nos démocrates-chrétiens, cause le plus grand tort au progrès politique et spirituel d'une nation ; plus cette nation est grande, plus elle a atteint son unité spirituelle et politique. Cette vérité nous est encore confirmée par l'exemple de l'empire anglais qui, fort de l'union entre le pouvoir civil et le pouvoir religieux, a pu s'affirmer victorieusement dans le monde.

La tradition des premiers Pères de l'Église, puis la tradition médiévale, de saint Léon-le-Grand à saint Ambroise, à saint Célestin, à saint Pier Damiani, la tradition des conciles, du premier concile de Constantinople au concile de Trente, toutes ces traditions s'accordent à condamner explicitement la doctrine de la séparation. Et les derniers papes, de Pie IX à Léon XIII et à Pie X, la déclarent impie et absurde.

Malgré cela les politiciens du Parti populaire italien, partisans ultra-modernes de la fausse démocratie chrétienne, vénèrent le régime de la séparation : mais s'ils pratiquent ce culte c'est dans l'ombre, avec moins de courage que leur maître Romolo Murri.

Dans son ouvrage récent sur *Le Parti populaire et le fascisme*, don Sturzo accuse Mussolini d'être un « nationaliste clérical »[5]. Naturellement il aurait préféré que la question romaine fût résolue par Nitti (peut-être en collaboration avec Treves et Turati) et il rappelle avec mélancolie les « propositions de Nitti » ; il oublie que l'enfer est pavé de bonnes intentions, et il doit avouer que Mussolini « a fait plus et mieux » ; mais s'il se souvient que le chef du fascisme « a fait plus et mieux », cela ne l'empêche pas de condamner la politique cléricale et nationaliste.

La bête noire de don Sturzo, c'est le « cléricalisme », et par le cléricalisme il entend : l'État qui fait de l'Église « un instrument de domination et de conservation ». Paroles bien vagues, obscures et tendancieuses, qui en réalité cherchent à éloigner la conscience des bons chrétiens de la foi en les nouvelles destinées de l'Italie et en l'œuvre de reconstruction, et à rendre difficile un accord entre l'Église et l'État en Italie. Ses sympathies vont naturellement vers les pays gouvernés par des démocrates-chrétiens, comme la Belgique et l'Autriche : ces pays conservent intact, au nom du christianisme, tout le bagage de doctrines du socialisme athée, y compris la loi sur le divorce, loi essentiellement antireligieuse.

Ce que les populaires appellent « cléricalisme » est aujourd'hui un catholicisme intégral, c'est-à-dire précisément cet ensemble d'idées et d'institutions traditionnelles qui voudraient stabiliser en un accord harmonieux les forces politiques et religieuses de la nouvelle Italie.

───────────

[5] *Popolarismo e fascismo*, Piero Gobetti éditeur, 1924, p. 289.

LA TRADITION LATINE

L A TRADITION la plus pure et la plus forte de la pensée romaine impériale, depuis les premiers pères de l'Église jusqu'à Mussolini, en passant par le Moyen Âge et Dante, revendique comme nécessaire pour le bien de la société la collaboration active du pouvoir religieux avec le pouvoir civil.

Dans son traité sur la monarchie, Dante distingue nettement les différentes sphères dans lesquelles doivent agir l'Église et l'État.

Voici comment il s'exprime dans le livre III :

« Je dis que le royaume temporel ne reçoit pas son essence du royaume spirituel ; il n'en reçoit pas non plus son attribut, ni son moyen de réalisation matérielle ; mais il reçoit le moyen d'agir avec la vertu la plus grande, à la lumière de la grâce que la bénédiction du Souverain Pontife dispense du ciel sur la terre. »

Et l'œuvre du plus grand génie de l'Italie se termine par ces paroles, qui prennent aujourd'hui pour nous autres Italiens un sens de particulièrement bon augure :

« Que César donc témoigne à Pierre ce respect que le fils aîné doit à son père, parce qu'il est éclairé par la lumière de la bonté paternelle ; que cette lumière brille avec le plus grand éclat sur le monde, dont César n'est le chef que par la puissance de celui qui gouverne le royaume spirituel et le royaume temporel. »

Dans un discours fameux prononcé à la Chambre italienne avant le triomphe de la révolution fasciste, Mussolini a proclamé que la tradition latine et impériale de Rome est représentée dans le monde par le catholicisme.

La conception que Dante se faisait de l'empire, et vers laquelle le chef du fascisme incline volontiers, est la seule qui puisse donner à l'Italie nouvelle cette idée-force de laquelle elle attend la réalisation de ses glorieuses destinées.

Le programme, l'idée-force du Parti populaire part d'une conception absolument opposée. Suivant les paroles mêmes de don Sturzo (*Popolarismo e fascismo* p. 236) ce programme « est fondé sur la conception démocratique de l'État, assimile les courants internationaux pacifistes, utilise les traditions autonomistes et libres de notre pays (lisez et comprenez : celles de nos communes faibles et factieuses) et tend à se réaliser en une synthèse néo-guelfe contre l'impérialisme gibelin dont le nationalisme et le fascisme sont aujourd'hui les porte-parole ».

Ce programme politique accepte naturellement les postulats principaux du socialisme. D'ailleurs voici comment don Sturzo s'exprime (*ibid.*, p. 203) :

« Aujourd'hui la conscience générale repose sur le suffrage universel ; on peut en dire tout le mal ou tout le bien que l'on veut, mais on ne peut nier qu'il réponde au stade actuel de l'évolution historique, et il a reçu l'approbation théorique et pratique des nations civilisées. » Plus loin, il confirme et précise : « Avec le suffrage universel, tous les hommes sont considérés sous l'angle du plus petit dénominateur commun : celui de citoyen ; ils sont donc égaux dans l'exercice de leur activité électorale ; le droit de la majorité forme par conséquent la base de l'expression de leur volonté. »

Il est clair que ce principe de l'égalité ne peut être un « principe social », parce qu'il n'y a et ne peut y avoir de société sans le contraire de l'égalité, c'est-à-dire la hiérarchie. Il existe un principe chrétien qui fait la société, qui l'organise : ce n'est pas l'égalité, c'est le mérite. Le mérite des individus, et aussi — et surtout — celui des familles, établit le rang social et crée la hiérarchie, c'est-à-dire l'organisation du corps social normalement constitué. La proposition déclarant que l'autorité n'est autre chose que la somme du nombre et des forces matérielles a été condamnée par Pie IX (*Syllabus* LX). Et, dans l'encyclique *Diuturnum illud*, Léon XIII a dit aux catholiques :

« Il y a aujourd'hui des hommes qui déclarent que tout pouvoir vient du peuple, que par conséquent ceux qui exercent ce pouvoir dans l'État ne l'exercent pas en propre, mais par délégation du peuple, ce qui revient à dire que ce dernier peut leur retirer l'autorité dont il les a investis. Tous ceux qui soutiennent ce raisonnement marchent sur les traces des esprits impies qui, au siècle dernier, se sont donné le nom de philosophes. »

Les populaires, le prêtre Sturzo à leur tête, ne tiennent pas compte de l'avertissement de Léon XIII ; ils repoussent l'esprit de la tradition latine et acceptent ce fait contingent : « La conscience générale repose sur le suffrage universel ; on peut en dire tout le mal ou tout le bien que l'on veut. »

Voici ce qu'un éminent penseur catholique disait des démocrates-chrétiens :

« Nos démocrates-chrétiens n'affirment pas la bonté native de l'homme, comme l'ont fait le Père Hecker et le Dr Brownson. Interrogez-les, ils reconnaîtront que nous sommes tous descendus au niveau d'Adam. Mais leurs thèses démocratiques touchant la liberté, l'égalité, la souveraineté qu'ils attribuent au peuple, ne se peuvent soutenir que sur l'hypothèse suivante : tous les hommes sont uniformément sauvés, tous sont au même niveau moral et doivent être traités de la même manière. Ce sont là des principes contraires à la doctrine, à l'histoire et à la possibilité de tout gouvernement, celui de la famille comme celui de l'État.

« Lorsqu'ils disent vouloir travailler à l'avènement d'un état social fondé sur la liberté, l'égalité et la souveraineté populaire, est-il possible qu'ils réfléchissent à cette vérité : l'Église et toute l'histoire de l'humanité sont d'accord pour enseigner que, par son péché, Adam a perdu toute sa descendance ? Lorsqu'ils exaltent la liberté, ils ferment les yeux sur le double esclavage dans lequel la chute a mis tout homme qui vient au monde : l'esclavage de la faim et celui des passions. »

Les passions obligent la société à maintenir les hommes dans des cadres rigides ; il s'agit d'abord de faire régner l'ordre chez la multitude que les passions ne cessent de pousser à tous les excès ; ensuite il faut faire l'éducation de ces hommes, c'est-à-dire les aider à sortir peu à peu de leur état de déchéance. Dès sa naissance, l'homme est pris par la famille, par l'État, par l'Église ; il doit se soumettre à leurs lois s'il veut être protégé, s'il veut pouvoir vivre en développant toutes ses facultés.

La tradition de la sagesse romaine, sur laquelle l'esprit catholique s'est si bien greffé, se refuse à accepter les aberrations démocratiques issues de la Révolution française.

Dans *La Cité antique*, Fustel de Coulanges nous a donné la représentation magnifique de cette tradition. Son opinion au sujet de la démocratie moderne est catégorique ; selon lui, si l'on se représente tout un peuple qui s'occupe de politique et qui, du premier au dernier, du plus instruit au plus ignorant, du plus intéressé à conserver l'état actuel des choses au plus intéressé à son renversement, possédé de la manie de discuter des affaires publiques et de mettre la main au gouvernement ; si l'on observe les effets que cette maladie produit dans l'existence de milliers d'êtres humains, si l'on calcule le trouble qu'elle apporte dans chaque existence, les idées fausses qu'elle met dans une foule d'esprits, les sentiments pervers et les passions qu'elle allume dans une foule d'âmes ; si l'on tient compte du temps perdu pour le travail, des discussions, des pertes d'énergie, des amitiés ruinées, de la création d'amitiés fictives et d'affections odieuses, de la délation, de l'introduction du mauvais goût dans le langage, dans le style, dans l'art, de la division irrémédiable de la société, de la méfiance, de l'indiscipline, de l'énervement et de l'amollissement d'un peuple, des défaites qui en sont l'inévitable conséquence, de la disparition du patriotisme véritable et aussi du courage réel, des fautes que tout parti commet nécessairement dès qu'il arrive au pouvoir, des désastres dont il faut supporter la peine ; si l'on tient compte de tout cela, on ne peut s'empêcher de dire que cette maladie est l'épidémie la plus funeste et la plus dangereuse qui puisse attaquer un peuple ; qu'il n'en existe pas qui donne de coups plus rudes à la vie privée, à la vie publique, à l'existence matérielle et morale, à la conscience et à l'intelligence ; qu'en un mot, il n'y a pas eu au monde de despotisme qui ait pu faire autant de mal.

Parmi les témoignages les plus intéressants et les plus propres à renforcer contre tous les Partis populaires du monde l'idéal que se proposent aujourd'hui les fascistes, il me paraît séant de rappeler celui d'Émile Ollivier qui a le caractère de la rétractation d'un idéal qui lui avait été cher. Il en vint finalement à convenir que la démocratie pure, supprimant à son profit les autres éléments sociaux, faisant procéder toutes les forces et tous les pouvoirs de l'égalité sociale, constitue, de l'aveu des théologiens, des philosophes, des publicistes anciens et modernes, le pire des gouvernements, *omnium deterrimum*, selon l'énergique expression de Bellarmino, qui résume l'opinion unanime de l'humanité pensante. Dans ses élus, dans ses chefs, dans ses favoris, elle se contente de la médiocrité, garantie de la soumission ; elle nourrit contre les hommes de valeur l'aversion de Louis XIV pour les grands seigneurs ; si, par inadvertance, elle en laisse passer un, elle l'oblige à s'abaisser et elle le rejette. Elle ne se présente pas l'apogée de la civilisation, mais elle en marque la décadence ; elle n'apporte pas non plus d'avantages à la plèbe qui l'édifie, car sans supprimer ni adoucir ses misères, elle les augmente par les tourments de l'envie, de la haine, de la vanité, de l'impuissance. Le mieux qui puisse arriver à une démocratie pure est d'être domptée par un Auguste, un Médicis, un Napoléon, de peur qu'elle ne succombe tôt ou tard sous un Philippe de Macédoine.

Ollivier déplore ses erreurs antérieures et ajoute qu'il n'ignorait pas que la démocratie n'aime que la liberté du désordre, et que partout elle a poursuivi et supprimé la liberté réelle, celle dont on ne jouit qu'au prix d'une sérieuse responsabilité ; qu'elle a étouffé les droits inviolables de l'individu sous l'oppression de la majorité, sous prétexte que si une protection est nécessaire contre les rois, elle est inutile contre les élus du peuple. Il se berçait de l'illusion qu'il n'était pas impossible de guérir une démocratie de cette maladie et de la faire vivre en bon accord avec la liberté. Démocratie et liberté, disait-il ingénument ; il ne savait pas encore que la forme inévitable de la démocratie est le collectivisme, d'abord modéré et contenu, puis déchaîné et absolu. C'est pourquoi, s'en étant rendu compte, il revint sur ses opinions premières.

En France, bien avant Émile Ollivier et Maurras, les maîtres de la pensée latine qui s'appellent Louis de Bonald et Joseph de Maistre avaient aperçu la pente fatale sur laquelle courait la démocratie ; aujourd'hui elle se trouve au dernier carrefour : elle a le choix entre le fascisme et le bolchevisme. La logique irrésistible des idées se refuse à la *media via*.

Les compromis, les solutions bâtardes ne seront plus possibles, et on le verra bientôt.

Aujourd'hui il n'existe que deux forces en présence : le fascisme italien catholique et le bolchevisme asiatique.

Dans un avenir plus ou moins proche, toutes les barrières seront ou brisées par la destruction ou rejetées avec mépris par la reconstruction.

Avec une logique de fer, la grande révolution russe met en action les principes fondamentaux exposés par Proudhon, le patriarche du socialisme et de l'anarchie, dans son ouvrage *De la création de l'ordre dans l'humanité*, où il oppose nettement Dieu et l'humanité. Voici sa thèse dans son sens général :

Dieu et l'humanité sont deux ennemis irréconciliables ; le premier devoir de l'homme éclairé, intelligent, c'est de chasser sans trêve l'idée de Dieu de l'esprit et de la conscience. L'athéisme doit désormais être la loi des coutumes et des intelligences. La propriété n'est qu'une idée contradictoire ; la négation de la propriété entraînant avec soi celle de l'autorité, il ressort de la définition, déclarant que la propriété est le vol, ce corollaire : la vraie forme de gouvernement est l'anarchie. Plus de pape, plus de roi, plus de dictateur ni d'empereur. Il ne doit donc plus exister aucune autorité ni temporelle, ni spirituelle, ni révolutionnaire, ni légitime. Le vrai principe est l'athéisme en matière de religion, l'anarchie en politique et la non-propriété en économie politique.

Les grands conflits historiques de l'humanité prennent toujours un caractère religieux. En déclarant abolie la foi chrétienne, en s'efforçant de créer la religion de l'athéisme, les bolcheviks russes montrent qu'ils sont envahis par l'esprit de leur patriarche Proudhon. Et la violence bolchevique ne s'exerce pas en paroles seulement. Il y a peu de temps, le *Daily Mail*[1] rapportait un épisode du fanatisme russe : trois cents émigrés russes qui cherchaient à rentrer en Russie avaient été arrêtés à la frontière et soumis par les autorités des soviets à un interrogatoire touchant leurs convictions religieuses. Ceux qui ne voulurent pas nier l'existence de Dieu furent enterrés vivants.

Dans sa cruauté tragique, le fait illustre le caractère fondamental et essentiellement religieux de tous les grands mouvements révolutionnaires. Le conflit entre le fascisme et le bolchevisme prendra nécessairement dans l'avenir une forme religieuse violente. Joseph de Maistre était peut-être bon prophète lorsqu'il disait, jugeant le mouvement commencé en France en 1789, que cette immense et terrible révolution commencée avec une fureur sans précédent contre le catholicisme et pour la démocratie finirait au contraire en faveur du catholicisme et contre la démocratie.

Il ne fait pas de doute que, dans la bataille suprême qui s'engagera dans le monde entre les forces de l'ordre et celles du désordre, entre les principes du fascisme, c'est-à-dire de Rome

---

[1] La nouvelle a été aussi donnée par le *Corriere della Sera* (1er mai 1924).

ressuscitée, et ceux du bolchevisme barbare et asiatique, la victoire définitive restera à l'Aigle impériale.

———————

POUR LE PEUPLE ET CONTRE LA DÉMAGOGIE

DANS son récent volume sur *Le Parti populaire et le fascisme* (p. 239) Luigi Sturzo juge mon attitude favorable à la collaboration pleine et loyale des catholiques avec les fascistes : il me met au nombre de ces conservateurs catholiques qui, selon lui, s'opposent au programme social des populaires dans le domaine économique.

Le lecteur de ces pages peut constater que mon opposition au Parti populaire n'est pas fondée seulement sur ce point. Mais avant tout, il faudrait démontrer que le fascisme fait une politique hostile aux intérêts de la classe ouvrière, alors que c'est le contraire qui est vrai.

L'œuvre que réalise le gouvernement national est dirigée contre la démagogie et pour le bien des classes ouvrières.

Dans le discours prononcé au Sénat le 27 novembre 1922, aussitôt après son arrivée au pouvoir, Mussolini a fait un clair exposé de son programme social. En voici les termes :

« Ni pour des raisons nationales, ni pour des raisons d'un autre ordre, nous ne voulons faire une politique hostile au prolétariat. Nous ne voulons pas opprimer le prolétariat, ni le rejeter dans des conditions d'existence arriérées et avilissantes ; au contraire notre but est de l'élever matériellement et moralement : ce n'est pas que nous croyions que le nombre, la masse, puisse créer dans l'avenir des types particuliers de civilisations ;

laissons cette utopie à ceux qui s'érigent en prêtres de cette mystérieuse religion.

« Les raisons pour lesquelles nous voulons faire une politique qui cherche le bien-être du prolétariat sont très variées et rentrent dans le cadre de développement de la nation ; elles ont été dictées par la réalité des faits ; nous sommes arrivés à la conviction que nous ne pouvons avoir une nation unie et tranquille si nos vingt ou trente millions d'ouvriers sont condamnés à des conditions de vie misérables. Il se peut, il est même certain, que comme nous ne pouvons promettre un paradis que nous ne possédons pas, notre politique ouvrière anti-démagogique rendra, en définitive, beaucoup plus de services aux masses ouvrières que l'autre politique qui les a endormies et leurrées dans la vaine attente de l'âge d'or. »

Ces loyales paroles du chef du fascisme, fruit d'une longue expérience du temps où il était un militant du socialisme, ne heurtent pas les doctrines sociales de l'Église et sont même en accord avec elles.

Je sais bien que certains démocrates, qui se donnent le titre de chrétiens, méconnaissent ce qu'il y a de bon dans le programme social du fascisme : ils caressent le même idéal que les socialistes et éveillent dans le cœur du peuple des cupidités mal placées. Beaucoup d'entre eux vont jusqu'à attenter au droit de la propriété, solennellement reconnu par l'Église. La législation proposée par les populaires, touchant le droit de succession de la propriété, grève celle-ci d'impôts insupportables dans le but de la supprimer dans deux ou trois générations ; la politique foncière des populaires est un autre exemple patent des buts socialistes auxquels tendait le parti.

Au congrès tenu par le parti à Naples en 1920, le député Miglioli prédit et préconisa l'expropriation pure et simple de la propriété foncière, même sans indemnité. Un autre groupe de populaires plus modérés fit des réserves quant aux droits de la petite propriété, mais admit cependant l'expropriation de la grande propriété, sans l'intervention d'aucun pouvoir judiciaire.

Le courant que nous appellerons de gauche admit également le droit d'expropriation, en le limitant à des cas d'intérêt social. De cette manière, conformément à la doctrine socialiste, le principe de la propriété était sapé à sa base par les catholiques populaires.

L'année suivante, au Congrès de Venise, le député Miglioli sembla être le triomphateur de l'assemblée, et la victoire apparente de don Sturzo, mais en fait de Miglioli, réussit à donner au parti une orientation nette vers l'extrême gauche. Comme premier pas, les populaires acceptèrent de collaborer avec le parti démocrate-national. Mais préoccupés d'augmenter le nombre et la puissance de leurs syndicats — auxquels don Sturzo était enclin à céder toutes les attributions au Parlement — les populaires jouèrent le grand jeu : le 19 juillet 1922, alliés aux partisans de Nitti et aux socialistes, ils renversèrent le gouvernement Facta et tentèrent le coup suprême qui devait barrer la route à Mussolini : mais celui-ci, dans un mémorable discours, défia le Parlement de former un ministère de gauche et il annonça la révolution fasciste.

En Italie le maître le plus autorisé de la doctrine sociale chrétienne fut certainement Giuseppe Toniolo. C'était surtout un mystique de la conception populaire de Savonarole. Sa conception chrétienne de la démocratie (il ne se soucia jamais d'éclaircir la signification étymologique du mot « démocratie ») est celle d'une organisation civile où toutes les formes sociales, judiciaires et économiques atteignent leur plein développement dans un ordre hiérarchique : elles apportent chacune leur part au bien de tous, et veulent donner aux classes inférieures, les moins favorisées, plus de justice et de charité chrétienne.

Cette idée qui, comme un foyer central, éclaire tout l'enseignement de Toniolo, ne l'a jamais conduit à sacrifier de propos délibéré les intérêts légitimes des autres classes sociales, comme nous l'avons vu faire au Congrès des populaires à Naples, et comme le firent leurs représentants au Parlement.

Toniolo était un rêveur et il ne comprit pas la portée que des théories démocratiques devaient avoir chez ses disciples, dans un sens anticatholique. Une des grandes douleurs de sa vie d'apôtre fut la révolte de son élève le plus intelligent, Romolo Murri. Je ne crois pas qu'il se fût non plus beaucoup réjoui de la doctrine populaire de don Sturzo.

L'école économique sociale et démocratique chrétienne a toujours méconnu les justes principes exposés dans l'encyclique *Rerum novarum*. En voici un exemple qui remonte à 1893 : à Liège, l'abbé Pottier, au nom de l'Évangile, élaborait un programme des plus audacieux : entre autres choses, il y préconisait la formation de syndicats de locataires, à l'exclusion des propriétaires ; les loyers et les autres conditions de la location auraient été fixés par ces syndicats : c'était là un véritable attentat contre le droit de propriété. Il partait du postulat erroné que, dans l'état actuel des choses, la terre est telle qu'elle est sortie des mains du Créateur ; le propriétaire n'aurait sur elle d'autres droits que les droits conventionnels que lui confère la naissance dans une société fondée sur des bases injustes, contraires à l'égalité naturelle entre les hommes. Cette conception de la propriété méconnaissait déjà le fait que la terre n'est pas aujourd'hui telle qu'au jour de la création, mais qu'elle a été mise en valeur par le capital que des propriétaires légitimes y ont placé.

On sait comment les doctrines de l'abbé Pottier ont été acceptées par les démocrates-chrétiens italiens, qui reconnaissent en lui un maître. Dans leurs journaux et dans leurs revues, on parle peu des devoirs de justice auxquels les ouvriers sont tenus envers leurs patrons, mais en revanche on y parle beaucoup de leurs droits.

Ils portent presque toujours la question sociale en dehors du domaine de la foi. Ils oublient que la foi fondamentale de l'Évangile demande qu'en toute justice la valeur du salaire corresponde à la valeur du travail : et rien de plus. L'Église a toujours enseigné — et les véritables chrétiens ont toujours compris — que si la valeur du travail n'atteint pas les exigences des besoins, c'est à la charité qu'il appartient de combler le déficit. La majorité des démocrates — même s'ils se disent chrétiens —

ne parlent pas de la charité et ne veulent pas en entendre parler. Il semble que cette sublime vertu chrétienne, la première selon saint Paul, ne doive jamais être rappelée dans les conflits entre le capital et le travail ; il semble que la solution de ces conflits ne puisse être trouvée que dans la lutte de classes. Cela montre la pauvreté de leur foi. En répudiant la charité, les démocrates sapent à la base l'édifice social du christianisme. En effet la seule justice suffit-elle à unir les hommes dans un pacte de fraternité ?

Dans son apostolat social, le catholicisme de l'Europe contemporaine ne peut s'inspirer des démagogues de la démocratie chrétienne, née des doctrines de Pottier et de Marc Sangnier, pas plus que des idées de Murri et de don Sturzo ; il cherche bien plutôt ses directives dans le groupe des aristocrates français, les deux comtes de Mun, le marquis de La Tour du Pin, fondateurs de l'œuvre grandiose des cercles catholiques ouvriers en 1871. Ses doctrines trouvèrent leur réalisation dans l'œuvre sociale du grand Ozanam. Soldat courageux sur les champs de bataille et profondément dévoué à l'idéal monarchique, il n'a pas nourri son idéal de la vaine rhétorique des assemblées publiques, mais du commerce des humbles ; et il a éveillé le même idéal dans le cœur de milliers d'ouvriers qui faisaient partie des cercles fondés par lui, pour en faire des hommes aimant leur patrie et leur famille et respectueux de la foi des ancêtres.

C'est là une action chrétienne sociale efficace. C'est la manifestation d'une foi ardente en Dieu, la patrie et le peuple, que nous rechercherons en vain dans les livres et dans les appels « aux hommes libres et forts » de nos populaires.

Combien plus vrai, plus simple et plus chrétien est l'appel « aux hommes libres de bonne volonté ».

APHORISMES

Qu'est-ce que le pouvoir ? L'entité qui veut et qui agit pour la conservation de la société. Sa volonté s'appelle loi ; son action s'appelle gouvernement.

★ ★ ★

La conception catholique et romaine du pouvoir est fondée sur des lois immuables ; tout ce que l'on peut dire et faire à l'encontre de cela est frappé de nullité absolue.

★ ★ ★

La doctrine du pouvoir, telle que l'Église catholique l'a posée, enseigne l'obéissance active et la résistance passive ; les doctrines philosophiques de nos démocraties enseignent l'obéissance passive et la résistance active ; l'homme se trouve ainsi toujours placé devant ce dilemme : l'esclavage ou l'insurrection.

★ ★ ★

Quel est le fondement et le principe de toutes les lois ? La loi qui impose à l'homme l'amour et la recherche du souverain bien, c'est-à-dire de Dieu.

★ ★ ★

L'empereur Justinien a ainsi défini le droit : « la connaissance des choses divines et humaines ». Dans le Code Justinien, la sagesse de la Rome antique commence à s'éclairer d'une lumière chrétienne.

Mais la soi-disant civilisation moderne a séparé les lois civiles des lois religieuses, le particulier du général. Elle a séparé l'homme de Dieu. L'homme séparé de Dieu ne voit plus que son intérêt particulier : il finit nécessairement dans l'anarchie individuelle et sociale.

★ ★ ★

Qui dit monarchie ne dit autre chose qu'unité du pouvoir.

★ ★ ★

Dans la famille, il est évident qu'un seul homme réunit en lui le pouvoir. Il ne peut y en avoir deux. Les lois naturelles rendent cette unité nécessaire ; les lois sociales — lois politiques et civiles, surtout les lois romaines — consolident et élargissent cette unité.

Certains sophistes ont attaqué le principe de la puissance paternelle ; les lois inspirées par leurs systèmes philosophiques ont essayé de saper cette puissance, prototype des autres formes du pouvoir ; elles ont mis sur un pied d'égalité des êtres qui ne sont que semblables entre eux ; elles ont ainsi ruiné la puissance du mari et affaibli celle du père.

Par la logique même des principes qui ont émancipé les épouses et révolté les fils contre leurs pères, les peuples se sont affranchis du principe d'autorité.

Aujourd'hui, dans la législation des peuples les plus avancés au point de vue démocratique, le lien sacré et indissoluble du mariage est devenu un contrat déterminé par l'intérêt et le plaisir, où le plus fort l'emporte sur le plus faible.

Le lien social qui unit les peuples à leurs gouvernements respectifs n'est guère différent.

Jurieu a dit :

« Le peuple est la seule autorité qui n'ait pas besoin d'avoir raison. »

Comme il n'a pas raison, il n'a pas de responsabilité. Il s'ensuit que la raison et l'autorité populaire se trouvent rarement réunies.

★ ★ ★

Les chefs de gouvernements démocratiques doivent forcément agir en contradiction avec leurs principes : comme ils vont en limitant progressivement les droits exagérés de la liberté, leur idole, ils sont vite renversés pour laisser la place à d'autres qui subiront bientôt le même sort.

Il n'y a donc qu'un seul mot pour définir la démocratie : l'assiette au beurre.

★ ★ ★

Dans les pays où le pouvoir est le moins stable, les ambitions politiques sont plus fréquentes et plus néfastes.

★ ★ ★

Les causes de la force d'expansion impérialiste de l'Angleterre : la révolution de Cromwell, les très grandes prérogatives de la Chambre des lords, les droits héréditaires de la noblesse, et le bon sens de ne pas s'être laissé griser par les principes pernicieux de la Révolution française.

Tous les bons Anglais voient d'un mauvais œil le régime parlementaire qui conduit infailliblement une nation au triomphe de la faiblesse et de la médiocrité ; je crois qu'ils partagent tous l'opinion de Dickens ; ayant sténographié pour un congrès décennal les discours des plus grands orateurs anglais, il écrivit en s'en allant : « La seule personne qui me semble utile ici, c'est cette vieille femme qui, une fois terminée la session des communes, balaie la salle et la ferme à clé. »

Lorsque les républicains anglais, anticipant sur les principes de Rousseau, voulurent imposer à l'Angleterre le gouvernement du peuple triomphant, Cromwell s'y opposa énergiquement : il montra tous les dangers d'une constitution qui, suivant ses propres paroles, aurait fait « de l'Angleterre une Suisse ». Il repoussa le suffrage universel comme étant le système qui conduit le plus sûrement à l'anarchie ; il ne voulut abolir ni la monarchie, ni la Chambre des lords, et il refusa nettement de discuter les doctrines des républicains. Il ne se préoccupa que de savoir quel était l'esprit national profond qui pouvait créer la grandeur de sa patrie. Avant tout il voulut donner à son pays un gouvernement stable, doté de cette autorité grâce à laquelle l'ordre règne.

Mussolini, l'énergique chef du fascisme, a bien des points de ressemblance avec Cromwell.

★ ★ ★

Il faut distinguer entre « démocratie » et ce que nous appellerons « démophilie ».

Les véritables amis du peuple ne s'en font pas un tremplin pour arriver, pour satisfaire leurs ambitions personnelles et leurs inavouables cupidités. Ils aiment le peuple, le respectent et le servent dans un esprit à la fois humble et élevé.

Le respect de la liberté est inconciliable avec le libéralisme : l'amour du peuple ne peut s'accorder avec la démocratie.

Le peuple, surtout en Italie, est si peu démocratique qu'il ne rêve que de dictature et cherche toujours un homme à qui se donner tout entier. Il ne vote jamais sur un programme, mais sur un nom. Le bon ouvrier, l'agriculteur, le mécanicien, le peintre, le médecin, le père de famille honnête et laborieux méprisent les paroles électorales : ils ne croient pas aux mirifiques programmes des partis, mais ils invoquent le pouvoir d'un homme qui sache conduire la chose publique avec fermeté et honnêteté.

Les vertus latines, nos forces traditionnelles, sont des puissances d'ordre, de discipline, de sacrifice, de fidélité et surtout de probité.

★ ★ ★

Dialecticiens habiles comme tous les hommes sans caractère, les Grecs remplaçaient la force des arguments par l'adresse de la discussion. Bien des parlementaires modernes leur ressemblent : ils emploient les armes de la dialectique pour surprendre la vérité et l'emprisonner dans l'erreur.

★ ★ ★

Dans la *Déclaration des droits de l'homme* se lit cette maxime :
« Tout ce qui n'est pas défendu par la loi ne saurait être empêché, et personne ne peut se dire obligé à faire ce qu'elle n'ordonne pas. »
Maxime d'esclaves, qui soustrait l'homme aux chaînes de sa propre conscience pour le jeter dans celles des lois pénales.

★ ★ ★

Renan déclare que tous les peuples devraient souhaiter l'anéantissement de leur pays, si pareil sacrifice était utile au reste du monde. Il voudrait subordonner l'amour de la patrie à l'amour de l'humanité, c'est-à-dire une vérité concrète à une vérité abstraite. Il s'écrie :
« Arrière les petits esprits qui n'ont de frères que dans une limite tracée par le hasard ! »
Comme si les frontières des peuples n'avaient pas été fixées par Dieu. Funeste conception romantique, socialiste et démocratique qui s'oppose à la conception classique romaine, catholique. Le christianisme de Renan, christianisme à l'eau de rose débordant de sentimentalité mais ne croyant pas à la divinité du Christ, s'accorde parfaitement avec le moderne humanitarisme

de ces populaires socialisants qui veulent l'avènement de l'internationale chrétienne en matière de politique.

★ ★ ★

L'unité italienne a été arrêtée pendant des siècles faute d'un prince fort et puissant. C'est ce qu'a compris Machiavel. L'esprit démocratique et factieux des républiques italiennes au Moyen Âge et des communes tant admirées des populaires engendra la faiblesse de la patrie, puis son asservissement à l'étranger, tandis qu'au-delà des Alpes se constituaient de solides régimes monarchiques. Une seule république fièrement aristocratique, Venise, survécut jusqu'à la conquête de Napoléon à la ruine de toutes les forces politiques nationales.

C'est par l'œuvre d'un prince de la maison de Savoie et de son grand ministre Cavour, bien plus que par la volonté du peuple, que l'Italie s'est constituée en nation. Pour réaliser son unification, elle exploita l'idéologie libérale dont la France surtout paraissait envahie, d'ailleurs au grand dam de ses propres intérêts. Elle saisit l'occasion historique. Et ce fut tant mieux. Mais, si elle veut devenir grande dans le monde, l'Italie ne devra pas vivre de ces principes. Les Italiens doivent se refaire une conscience et une volonté romaines : c'est ce que le fascisme a compris.

★ ★ ★

On lit dans l'Évangile de saint Marc :
« Personne ne met le vin nouveau dans de vieilles outres, car le vin fait éclater les outres, et le vin se répand et les outres sont gâchées. Le vin neuf doit être mis dans des outres neuves. » Seules les âmes neuves peuvent recevoir les doctrines du Christ toutes bouillonnantes de vie. Toute idée nouvelle a besoin d'une forme nouvelle pour s'exprimer. Les idées nouvelles brisent le monde des formes anciennes. Cette vérité devrait être méditée par tels fascistes qui croient pouvoir verser le vin nouveau dans

de vieilles outres, c'est-à-dire faire vivre l'idéal de l'Italie nouvelle dans la tête des vieillards.

★ ★ ★

Nos démocrates sont horrifiés par la dépravation du gouvernement fasciste en Italie : au milieu des embûches des parlementaires démagogues, il essaie de donner à ce pays tourmenté un gouvernement stable et fort. Nos démocrates nous citent alors, avec une admiration forcenée, les États-Unis d'Amérique : ils voient dans l'Union le pays de leurs rêves.

Quels ridicules ignorants ! Ils ne savent pas, ils ne se rappellent pas, que les ministres américains ne sont pas responsables devant le Parlement et que la constitution américaine confère au Président, en cas de guerre ou de troubles intérieurs graves, des pouvoirs discrétionnaires pour ainsi dire sans limites qui ne peuvent être comparés qu'à ceux des anciens monarques absolus.

APPENDICE

Texte de l'appel aux catholiques, dont il a été parlé dans l'avant-propos, suivi des noms des signataires.

Aux catholiques italiens

En cette heure de fermentation politique et de crise spirituelle pour le pays, notre conscience de catholiques italiens doit prendre une position bien nette en face du Gouvernement fasciste ; il n'y a désormais plus place pour les équivoques, les faux-fuyants, ni les réserves pleines de sous-entendus.

Notre adhésion au fascisme doit maintenant être complète. Le Gouvernement national, seule émanation valable du mouvement fasciste, reconnaît ouvertement et respecte les valeurs religieuses et sociales qui constituent la base de tout régime politique sain, il réprouve l'idéologie surannée de la démocratie sectaire ; il revendique les principes de discipline et d'ordre hiérarchique dans l'État, en harmonie avec les doctrines religieuses et sociales que l'Église a toujours proclamées.

Les catholiques italiens ne doivent avoir qu'un seul but politique : tendre eux-mêmes et diriger l'élite de la nation vers la grandeur spirituelle et politique de la Patrie et vers sa reconstruction économique.

Tous ceux qui ont conservé vivants dans leurs cœurs le souvenir de nos traditions et le sens de la foi ont un devoir tout tracé : c'est d'entreprendre un vaste travail de propagande par l'idée ; de lutter contre toutes les tentatives auxquelles, parmi les catholiques italiens, des esprits sectaires pourraient se livrer, car ils voudraient arrêter ou retarder la réalisation du pur et magnifique idéal qui vise à établir en Italie un ordre social durable, pénétré des principes chrétiens et italiens.

Catholiques,

En cette heure grave, où individus et collectivités doivent prendre leurs responsabilités, nous avons éprouvé le besoin de bien indiquer quel est notre devoir : c'est d'opposer la force des principes chrétiens aux erreurs des partis antinationaux qui ont tenté d'abaisser et de démoraliser la conscience de notre peuple.

Pour cette œuvre de rédemption, nous avons foi en l'action des prêtres du Christ ; ils voudront bien rester supérieurs et étrangers aux luttes politiques, et dire à la foule des fidèles les paroles élevées qui hâteront la restauration de toutes les valeurs religieuses et morales de notre peuple, pour le bien suprême de l'Italie.

Albertazzi Giuseppe — Alessandri avv. comm. Alessandro — Alvarez de Castro comm. Emilio — Aloisi Masella conte Adriano — Angelini comm. avv. Giuseppe — Antici Mattei marchese Carlo — Arnaldi ing. Pietro — Baldi avv. Pasquale — Bennicelli conte Achille — Boncompagni principe don Luigi, Senatore del Regno — Caffarelli duca Giuseppe — Camuccini conte Emilio — Carapelle avv. Aristide, Deputato al Parlamento — Castelli conte ing. Luigi, delegato dell'Unione Nazionale — Catelli comm. avv. Francesco — Cavriani marchese Carlo — D'avack avv. Giulio — Giovenale comm. Giambattista — Grazioli ing. Carlo — Iacoucci comm. avv. Virginio — Iacoucci cav. avv. Luigi — Iacoucci dott. Guido — Kanzler barone Rodolfo — Lepri marchese Giuseppe — Macchi conte Pietro — Malvezzi marchese Carlo — Massimo principe don Francesco — Miconi Paradisi conte Giacinto — Misciattelli marchese Piero — Negroni conte Luigi — Pantanella Alfonso — Patrizi marchese don Patrizio — Pietromarchi conte Bartolomeo — Pietromarchi conte Enrico — Pietromarchi conte Luca — Pocci conte Enrico — Roselli Lorenzini ing. Gaetano — Serafini comm. prof. Camillo — Spigarelli gr. uff. avv. Ortensio — Strocchi ing. Francesco — Theodoli don Francesco — Tommasi S. E. Gen. Donato, Deputato al Parlamento — Vannutelli conte Enrico

POSTFACE

———————

MAINTS historiens des idées ont fait observer, non sans rai-son, que le fascisme, doctrinalement, procède à la fois de Nietzsche par son culte des héros, de Hegel par son sens de l'État, de Sorel par son apologie de la violence, et — selon certains — de Gobineau pour son acceptation du principe du darwinisme social ; et les historiens rappellent à juste titre que le fascisme s'inscrit dans le sillage du Risorgimento lui-même issu de l'esprit des révolutions de 1848, inspirées par le libéralisme et l'esprit maçonnique : subjectivisme héroïque, « estatolâtrie », violence opposée à la charité, scientisme et matérialisme évolutionniste... Comment, dans ces conditions, peut-on être fasciste et catholique ?

L'ouvrage de Piero Misciattelli mérite d'être étudié en vertu de la qualité remarquable des informations historiques qu'il contient. Mais il est plus remarquable encore, peut-être, par la pertinence des questions politico-théologiques qu'il soulève, et auxquelles — de manière seulement suggérée et implicite il est vrai — il apporte des réponses précieuses.

Le problème du rapport entre l'Église et l'État est un cas particulier du problème du rapport entre grâce et nature. Le problème du rapport entre pouvoir spirituel de l'Église sur les États catholiques, et pouvoir politique de l'Église sur l'État pontifical, est un cas particulier du problème du rapport entre Église et État.

Du point de vue de l'augustinisme politique — selon lequel le pouvoir de l'homme sur l'homme ne serait pas naturel mais résulterait du péché au titre de châtiment, et dont procèdent directement la philosophie de saint Bernard et l'esprit théocratique des papes (de Grégoire le Grand au VIe siècle à Boniface VIII au XIIIe, en passant par Innocent III et Innocent IV) —, c'est au vicaire du Christ, de droit et primitivement, qu'appartiendraient les deux glaives temporel et spirituel ; de plus, le glaive temporel ne serait légitimement exercé par les rois que s'il est reçu de la main de l'Église : le roi a le pouvoir sans l'autorité, l'Église a l'autorité sans le pouvoir ; la fonction royale n'est qu'un département des affaires religieuses, le politique est subordonné à la morale, le modèle politique est la théocratie. La société est finalisée par le salut individuel. Le roi n'a ainsi de comptes à rendre qu'à Dieu et au pape son vicaire, ce qui signifie que l'augustinisme politique servait, avec le goût pour le pouvoir de la gent ecclésiastique, celui des princes qui en appelaient à la légitimité du sacre pour écarter leurs rivaux, jusqu'à ce qu'ils en viennent à considérer le sacre tel un huitième sacrement leur conférant, sous ce rapport, une espèce de légitimité surnaturelle qu'ils se firent fort de retourner (témoin le cas du gallicanisme) contre le pape : quand un corpus doctrinal est élaboré dans les intérêts d'une caste et non dans le souci de la vérité et du bien commun, il finit toujours, tôt ou tard, par révéler ses propres contradictions qui en viennent à desservir les intérêts de la caste pour laquelle il avait été élaboré ; le schisme orthodoxe et la révolte luthérienne n'auraient peut-être pas eu de lendemain si les hommes d'Église n'avaient pas nourri les ambitions politiquement théocratiques que l'on sait.

Dans la ligne de l'augustinisme politique, la morale (les mœurs) et la foi finalisent l'action politique. Ainsi est-il exclu que le roi ait des devoirs sous le rapport d'une nature du Politique en tant que tel, réellement distinct de la morale et du souci du salut, c'est-à-dire se reconnaisse ordonné à un bien commun qui serait raison du bien particulier, et qui envelopperait l'exigence de réalisation en acte des potentialités naturelles d'une communauté de destin, d'un peuple voué à incarner une manière paradigmatique d'être homme, à faire se déployer un « *Volksgeist* ». D'où l'indifférence — voire l'hostilité — des gens d'Église à l'égard des questions nationales : la nation est au mieux la province, les nations désignent les groupes d'étudiants rassemblés dans les universités médiévales selon leur idiome maternel ; le seul constitutif formel du lien politique est l'allégeance au prince ; l'État, entendu au sens de cause formelle de la cité, telle une fonction pérenne que le personnel politique se contente d'incarner mais auquel l'État ne se réduit pas, n'existe tout simplement pas et ne doit pas exister ; ce serait là, selon l'École traditionaliste et augustinienne, une invention moderne intrinsèquement liée à l'esprit révolutionnaire du jacobinisme ; et ceux qui perdent leur roi, tels les Vendéens et Chouans, sont supposés n'avoir plus de patrie. Il en résulte que l'organisation de la communauté s'élabore selon les liens dynastiques, selon les rapports de suzerain à vassal, au gré de la distribution d'héritages familiaux eux-mêmes régis par des coutumes et tranchés par des rapports de force, mais souvent pacifiquement réglés par des tractations apparentées aux méthodes commerciales de compensation. Le pouvoir politique n'est au fond qu'une excroissance du pouvoir domestique. Il n'y a pas de réelle distinction entre vocation naturelle et vocation surnaturelle : le pouvoir surnaturel s'arroge le privilège de couronner le pouvoir naturel qui n'est pas sans celui-là puisque c'est en lui qu'il est supposé trouver sa légitimation. C'est au gré des luttes dynastiques que se constituent des âmes populaires résiduelles vouées à changer en fonction des caprices des princes ou des aléas de l'histoire en lesquels il serait vain, dit-on, de s'efforcer à discerner une quelconque forme d'« *intentio naturae* », une pulsation spirituelle en attente de son éclosion, animant les hommes en vue de dévoiler et d'incarner un certain type d'homme, à valeur paradigmatique, c'est-à-dire un désir naturel de *vie nationale*.

Il en résulte une absence totale de scrupule de la part des hommes d'Église à l'égard des aspirations à l'unité nationale des peuples en général, et de l'Italie en particulier, siège de Rome, capitale spirituelle des catholiques du monde entier, et capitale charnelle du peuple italien. L'Église a-t-elle besoin des États pontificaux pour garantir son indépendance vis-à-vis des prétentions hégémoniques de l'Empire et des trônes ? Elle se taille la part du lion dans une Italie vouée à ne jamais naître comme nation. Cela n'a aucune importance puisque la nation n'est pas supposée être une catégorie politique recevable. C'est pourquoi les hommes d'Église n'ont pas trop de remords dans l'exploitation de véritables faux en écriture, pratiquant, « *ad majorem Dei gloriam* », les leçons déjà machiavéliennes (ainsi bien intentionnées) de la doctrine platonicienne du « pieux mensonge » (*République* III, à propos du mythe des races d'âmes : or, argent, airain) :

Pépin le Bref, sacré roi des Francs et Patrice des Romains en 754, avait réussi à se faire reconnaître comme roi légitime par le pape, à la place des Mérovingiens, héritiers de Clovis. Cette reconnaissance, accompagnée de l'approbation du pape relativement à la relégation au couvent du dernier roi mérovingien (Childéric), était l'un des termes du marché ; l'autre était le soutien de Pépin au pape dans la lutte de ce dernier contre les Lombards ; Étienne II souhaitait conserver ces territoires que Pépin lui avait donnés après avoir chassé les Germains qui l'avaient investi. Dans cette optique, Pépin garantit à Étienne II et à ses successeurs une pleine souveraineté politique sur Rome et sur l'Italie centrale. C'est là l'origine des États pontificaux. Cette souveraineté fut confirmée par Charlemagne fils de Pépin, mais alors surgit une difficulté dirimante : de tels territoires relevaient virtuellement de l'autorité de l'empereur de Constantinople (les Byzantins revendiquaient l'exarchat de Ravenne). Pour résoudre ce problème de légitimité politique, l'administration pippinido-carolingienne excipe de la fameuse « Donation de Constantin ».

La « *Donatio Constantini* », qui affirmait aussi le principe de la primauté de Rome sur les Églises d'Orient, est l'acte par lequel Constantin Ier, se retirant vers l'Orient, aurait donné au pape Sylvestre II, qui l'avait converti, l'imperium politique sur l'Occident. Puis le Pape aurait « donné » cet imperium à Charlemagne, conformément à la logique de ce qui serait nommé la doctrine des deux glaives. Les fils et héritiers de Pépin, Carloman et Charlemagne, seront sacrés eux aussi en 754, et leur mère Bertrade de Laon sera bénie par le Pape. Pendant le millénaire qui suivra, tous les souverains de France se réclameront de cette cérémonie et se feront sacrer selon le même rituel. Ce qui signifie que le « sacre », fondement supposé de la légitimité des rois de France, est issu d'un marché passé entre maquignons de haut rang, lui-même fondé sur une supercherie : en 1440, Lorenzo Valla, fondateur de la critique textuelle, démontrera que cette donation constantinienne n'était qu'un faux rédigé au VIIIe siècle. On en peut dire autant des « Fausses décrétales », prodigieuse entreprise de falsification des documents canoniques, rédigées entre 930 et 940 par des moines de l'abbaye de Corbie près d'Amiens, et supposées faire mémoire des décisions des papes du premier au troisième siècle. Il s'agissait de protéger les évêques contre les prétentions de leurs archevêques et des grands laïques. La réforme grégorienne du XIe siècle s'appuiera sur ces décrétales, en tant qu'elles affirmaient que les évêques ne peuvent être jugés que par le pape et qu'aucun décret conciliaire n'est valable sans son approbation. Nicolas de Cues dénoncera maints anachronismes dans ces textes, et le pasteur genevois David Blondel prouvera en 1628 leur indubitable fausseté : les supposés papes des trois premiers siècles citaient l'Écriture d'après la Vulgate, laquelle est la version latine de la Bible, traduite de l'hébreu et du grec entre 390 et 405…

Il n'est pas question de contester le contenu doctrinal (quant à sa teneur théologique : primat du pape sur les conciles, primat de l'Église de Rome sur les Églises d'Orient : l'Esprit-Saint peut

bien faire dire la vérité à ceux qui la confisquent dans leur intérêt) de ces faux : même Laurent Valla ne les remit pas en cause,
et c'est pourquoi il fut très critiqué par les protestants. Force est
cependant de rappeler que ces vertueux mensonges sont des
méthodes bien déplorables qui finissent toujours par se retourner contre les vrais intérêts de l'Église et des rois. Les bien-
pensants, les catholiques traditionalistes d'aujourd'hui, ne se
positionnent pas en fonction du souci de la vérité objective, mais
en fonction de ce qu'ils croient être les besoins pratiques (apos-
toliques) de leur foi ; Luther critiqua la « Donation », tout
comme l'avait fait Guillaume d'Occam, donc, pensent-ils, on
doit, « *unguibus et rostro* », soutenir la thèse de l'authenticité de
la Donation et des décrétales pour lutter contre les méchants.
Les mêmes bien-pensants, attachés à la politique de Metternich
et à la Sainte-Alliance, hostiles au libéralisme, condamnent
ainsi dans son principe ce qui fut nommé le Printemps des
peuples, ou Printemps des révolutions, c'est-à-dire cet ensemble
de réactions populaires, en 1848 et dans toute l'Europe, réagis-
sant contre les décisions des vainqueurs de Napoléon, lors du
Congrès de Vienne, d'agrandir leurs empires au détriment des
aspirations nationales. Mais le seul parti vraiment efficace, qui
plus est le seul moralement légitime, est celui de la vérité, même
si telle ou telle vérité peut être exploitée, par accident, par les
méchants. Au reste, la solidarité objective entre la conception
du pouvoir pontifical selon l'esprit de la Donation de Constantin, et la conception antinationaliste du pouvoir politique selon
Metternich, n'empêcha pas le pape Pie VII d'approuver en 1806
le scandaleux catéchisme de Napoléon, qui enseignait les
devoirs suivants, à suivre sous peine de damnations éternelles :
« l'amour, le respect, le service militaire, les tributs (impôts),
l'obéissance et la fidélité à l'égard de l'empereur » ; « honorer et
servir notre empereur est donc honorer et servir Dieu même »,
car Napoléon serait le restaurateur de la religion, et aurait été
établi souverain par Dieu dont il serait « l'image sur la terre ». Il
ne vient pas à l'esprit des bien-pensants que le libéralisme des

révolutions de 1848, et le protestantisme ou l'humanisme gnos-
ticisant des détracteurs de la fausse Donation, sont l'adultéra-
tion — certes fort coupable — de causes en soi justes (la cause
nationale dans le domaine politique ; le caractère seulement
indirect ou négatif du rôle politique du pape appelé, quant à ses
prérogatives positives propres, à s'en tenir à une souveraineté
spirituelle), mais confisquées et dénaturées par les ennemis des
ordres naturel et surnaturel, et confisquées par eux parce que les
défenseurs naturels de ces ordres n'avaient pas été capables de
prendre conscience, avant le surgissement historique des contes-
tations, de la justesse de telles causes. Le propre des bien-
pensants, ainsi des réactionnaires en général, est de rejeter les
bébés avec l'eau de leur bain. Ce n'est pas à dire qu'il serait
opportun de soutenir des causes politiques et religieuses intrinsèquement mauvaises sous le prétexte qu'elles présentent le
mérite accidentel de dénoncer l'impéritie des défenseurs du bon
combat et l'inachèvement de leurs doctrines : seul Dieu sait permettre le mal pour en tirer un plus grand bien ; on ne saurait
souhaiter longue vie au luthérianisme sous le prétexte que
Luther dénonça de vrais scandales. C'est-à-dire, néanmoins,
que, quand on s'efforce à restaurer l'ordre naturel et surnaturel
après qu'il a été mis à bas par les méchants, il convient
— d'abord et surtout — de ne pas réenclencher le processus qui
a rendu possible la destruction de ces ordres : on doit prendre en
compte les vérités captives dont les mauvaises causes étaient
gravides, dût-on, ce faisant, donner l'impression, aux esprits
étroits et suspicieux, de faire des concessions aux partisans du
mauvais combat. Dans le même ordre d'idée, on voit les mêmes
bien-pensants soutenir aujourd'hui que l'univers a six mille ans
et que le soleil tourne autour de la Terre, sous le prétexte que la
science moderne, biologie et astrophysique, a été confisquée par
des idéologues matérialistes et athées.

Il y a les processus historiques, qui sont riches d'enseignements ayant vocation à prévenir les délires idéalistes des

doctrinaires constructivistes, mais qui sont aussi chargés de contingence, d'injustices et de caractères irrationnels, de sorte que l'humble et nécessaire attention à la réalité ne doit pas faire oublier que l'idéal est normatif du réel, comme la forme est normative de la matière qui pourtant, naturellement, tend à se soustraire au magistère de l'essence qui l'investit et l'actualise, ainsi la parfait, mais à ce titre même constitue sa norme, en droit et en fait. La subordination du bien particulier au bien commun, le pouvoir politique de l'homme sur l'homme, la vocation des hommes à se réunir en peuples dotés d'une identité nationale, sont autant de vérités qui relèvent du droit naturel, ce qui sera illustré plus bas, dans un développement un peu théorique pour lequel nous sollicitons la patience et un petit effort de la part du lecteur.

La personne humaine est l'individuation d'une nature humaine qui ne serait pas sans cette individuation, cependant que cette dernière n'épuise pas la richesse de causalité d'une telle nature qui se trouve tout entière et non totalement dans tous les individus de même espèce. Parce qu'elle fait exister la matière qui l'individue, l'essence ou nature est raison de la vertu individuante de la matière : la forme se fait conditionner par ce dont elle est le principe ; et, parce qu'elle en est le principe, elle en est aussi la fin : ce qui procède fait retour à ce dont il procède, puisque les appétits de l'individu procèdent de sa nature, mais tendent vers ce dont l'individu manque, vers ce sans quoi il n'est pas pleinement lui-même, vers ce qui lui donne de se rendre adéquat à sa nature, et ultimement vers sa nature elle-même qui, de ce fait, ne se fait vouloir par lui qu'en tant qu'elle se veut en lui. Et c'est pourquoi il tend vers elle comme vers son meilleur bien, mais au titre de bien auquel il est rapporté, et non pas au titre de bien qu'il rapporterait à soi. Or il est incapable, en tant qu'individu, d'actualiser en sa singularité l'universel de causalité des potentialités de sa nature qui, pour cette raison, satisfait au réquisit de diffusion de soi ou d'accession à l'existence concrète en lui enjoignant, autant qu'il est possible, de se multiplier lui-même par l'engendrement : toute réalité physique, parvenue à maturité, se fait procréatrice. À ce processus diachronique s'ajoute cet autre, synchronique, de faire être la société en se subordonnant à elle qui, comme totalité ordonnée, réalise quant à elle, au mieux possible, l'actuation de toutes les potentialités de la nature humaine : la nature humaine exige la vie communautaire, non à cause de la débilité ontologique de cette nature (le plus bas degré des réalités spirituelles), mais à cause de sa richesse exigitive de diffusion ; l'homme est par nature un animal politique, et cela même à cause de l'excellence de sa nature (ce qui signifie que les natures plus élevées ont d'autant plus vocation à exercer une vie communautaire) ; sous ce rapport, on est loin de l'augustinisme politique. Le bien commun est cause finale de la cité, fin de chacun des membres de la société, et il consiste essentiellement dans son ordre. Parce que la cité n'est pas substance, un tel ordre n'est pas induit par une âme collective, sinon par métaphore. Mais alors, si cet ordre est purement formel, sans contenu, s'il n'est que l'organisation qui régit les rapports entre membres de la cité, on voit mal qu'il ait raison de fin ; un engin mécanique peut bien être habité par un ordre accidentel qui dispose les parties en vue d'une fin, mais il s'agit d'une finalité transitive, à savoir le service que son utilisateur, qui lui est extrinsèque en tant qu'il le manipule, attend d'un tel engin ; or la cité ne saurait avoir une finalité transitive, extérieure à elle-même, car elle n'est pas un engin dont on use, étant inclusive des personnes qui seraient susceptibles d'en user. Dès lors, on est tenté de penser que la fin d'un tel ordre est l'intérêt de ceux qui l'instaurent ; cela dit, si l'ordre du tout n'a d'autre fin que de rendre compossibles les biens particuliers, c'est que le tout est ordonné à la partie, mais alors c'en est fini de la subordination du bien particulier au bien commun. Pour que cette subordination, fondatrice et comme définitionnelle du Politique, soit possible sans qu'il faille hypostasier la société, ainsi sans lui reconnaître le statut personnel qui évidemment serait ablatif de la personnalité des individus composant ce tout, force est de convenir que ce bien commun, qui consiste dans l'ordre de la cité, n'est pas seulement formel mais s'honore d'un contenu, lequel est la réalisation en acte de toutes les potentialités de la nature humaine. L'homme n'a pas une nature pour exister ; il existe — comme toute chose — afin de coopérer à l'actualisation de son essence, laquelle est ultimement la gloire de Dieu. La nature d'une chose aspire à faire se réaliser en et par cette chose le maximum de ses potentialités essentielles. Et il en est de même pour l'homme qui, ainsi qu'on l'a vu, tend naturellement à s'intégrer dans un corps collectif ou social pour parvenir à faire s'exprimer toutes les puissances de sa nature : prise avec les individus qu'elle rassemble, la cité, comme ordre concret, n'est pas un simple être de raison, elle est l'extériorisation de toutes les virtualités de la nature humaine immanente à chaque homme mais qu'aucun homme pris individuellement ne saurait actualiser.

Cela dit, si l'homme était un ange, il n'y aurait qu'un seul homme qui serait à lui tout seul l'humanité même subsistante, puisque chaque ange est sa propre espèce. L'ange est tel que sa nature est tout entière et totalement en lui. Une espèce est universelle, non tant du fait qu'elle se prédique d'un grand nombre d'individus (cela est souvent le cas, mais de manière non nécessaire), mais plus profondément du fait qu'elle est cause de toutes les puissances opératives dont jouit l'individu qu'elle habite. Et si un individu est son espèce, c'est qu'un singulier est un universel, et cela serait contradictoire si l'universel ne se donnait, pour exister comme singulier, la forme d'une totalité : la totalité est une, ainsi singulière, et en même temps elle est universelle en tant qu'unité d'une pluralité ; elle est l'unité de l'unité et de la pluralité, et c'est là le propre de l'organicité. Or qui dit pluralité dit particularité, c'est-à-dire particularisation de l'universel à l'intérieur de lui-même (puisqu'il y a organicité), comme différenciation intestine de son identité. On obtient donc que la particularité de cet universel singulier qu'est l'ange, n'est autre que de poser en lui-même *toutes* les puissances opératives à faire se réaliser en et par lui seul tous les aspects de sa nature. Or l'homme n'est pas l'ange, en tant qu'il est l'individu d'une espèce qui, sous le rapport de l'extension, en contient beaucoup d'autres. Donc il est impossible à sa nature de poser, dans chaque individu qu'elle habite, toutes les puissances opératives d'actuation de cette nature. De plus, la cité, comme réalisation en acte de toutes les potentialités de la nature humaine, est comme un homme en grand, mais sans être substance, de sorte que cette totalisation politique de l'homme destinée à faire se déployer le tout de son essence ne saurait contracter le statut de perfection angélique dont le propre est de poser en elle-même, en tant que substance ou personne, toutes les puissances opératives à faire se réaliser en et par elle seule toutes les virtualités de son essence ; dès lors, il est impossible à la nature humaine de poser, dans chaque société en laquelle l'homme s'inscrit, véritablement *toutes* les manières d'être homme induites par la richesse de causalité de cette nature, mais seulement les plus universelles, particularisées et comme réfléchies en chaque société selon sa manière particulière d'illustrer la nature humaine. C'est pourquoi, nécessairement, la vie communautaire prend en droit une forme plurielle : il y a nécessairement, politiquement parlant, *des* sociétés : la nature humaine ne se donne un mode singulier d'extériorisation exhaustivement actualisante de ses potentialités qu'à un niveau de réalisation de soi qui est au-delà du Politique, et qui est d'essence religieuse ; l'État mondial est intrinsèquement mauvais, et faire se réaliser *politiquement* l'unité du genre humain revient à faire d'un tel État une Église, non l'Église qui adore Dieu mais celle qui adore l'homme. Cela dit, partout où il y a différenciation de l'universel, il y a principe d'individuation ; donc, autant il y a de communautés politiquement organisées, c'est-à-dire dotées d'un État, autant il y a de nations : la vie nationale est le principe d'individuation de l'État, et une communauté actualisée comme nation s'appelle un *peuple*, doté d'un esprit collectif propre : telle est l'unité de destin dans l'universel théorisée par José Antonio Primo de Rivera. Il n'est pas de bien commun sans cette organisation formelle de la multitude nommée État. Mais il n'est pas d'État sans ce principe individuant qu'est la nation. Donc il n'est pas de bien commun sans nation : or il n'est pas de vie politique proprement dite sans bien commun. Donc *la vie nationale est intrinsèque à l'idée même du Politique.*

Dès lors, l'organisation nationale des États se cherchait dans l'organisation féodale des trônes. La féodalité, quelque admirable qu'elle ait été, ne fut pas la maturité du Politique.

On peut parvenir au même résultat par le raisonnement suivant, dont les prémisses sont théologiques :

Toute l'entreprise politique et culturelle, dans ce qu'elle a de légitime, du génie occidental, fut, depuis deux mille ans, de faire assumer par le christianisme le meilleur et le non corrompu du génie de l'antiquité, c'est-à-dire des grandeurs païennes. La grâce, don gratuit par lequel la créature spirituelle est rendue capable de vivre de la vie même de Dieu, est « *elevans* », mais elle est aussi — et dans un même acte — « *sanans* ». Elle surélève ce qu'elle soigne, elle mène au-delà d'elle-même la nature qu'elle restitue à elle-même en tant qu'elle la restaure : est malade ce qui est devenu étranger à soi, incapable de coïncider avec soi, aliéné ou dépossédé de soi. Or ce qui, en tant que nativement libre, ainsi maître de ses actes, est restitué à soi-même, par là rendu conforme à sa nature intègre, se possède d'autant mieux qu'il est plus fidèle à son essence idéale : le libre arbitre, ou pouvoir d'autodétermination de la volonté, est lui-même essentiellement dépendant de, et posé par la nature de la volonté, ce qui n'empêche pas la volonté singulière, en tant que maîtresse de ses opérations, d'être la racine de ses actes ; elle n'est pas sa propre origine, elle ne décide ni de ce qu'elle est ni de ce qu'elle a à être, elle détruit sa liberté en agissant contre nature (elle la détruit librement, de manière peccamineuse), et pourtant *elle est donnée à elle-même, et c'est en quoi elle est libre, mais par là, puisqu'il est de son essence d'être donnée à elle-même, elle s'appartient d'autant plus qu'elle plébiscite plus parfaitement tant les exigences de sa nature que les moyens gracieux de les satisfaire ; elle s'appartient d'autant mieux qu'elle s'ordonne — ainsi se donne — plus parfaitement à ce dont elle procède.* Et, en tant qu'elle s'appartient, elle est racine de ses actes. Donc, s'il est vrai que se posséder consiste à se distinguer de ce par quoi on est possédé, ce qui est surnaturellement perfectionné est invité paradoxalement à faire se *contre-diviser* l'ordre naturel à l'ordre surnaturel, d'autant plus radicalement qu'il lui est plus fidèlement obéissant. La volonté de l'homme restauré par la grâce, absolument soumise à ses suaves injonctions, est d'autant plus libre que plus soumise, et c'est si vrai que le don de la grâce, qui s'ajoute à la nature et à proprement parler la recrée, en tant même qu'aide indispensable à la droiture de la volonté du pécheur, ne rend pas moins méritoires — sous le prétexte qu'elle serait aidée à les poser — les actes de la volonté ; loin de se substituer au libre arbitre de cet homme, elle le restaure en tant que libre arbitre et donne à ses actes d'être d'autant plus méritoires ; l'homme est d'autant plus l'auteur de ses propres actes volontaires qu'il laisse avec plus d'abandon Dieu agir en lui. Si la volonté est d'autant plus *auto*motrice que plus vigoureusement mue, elle est d'autant plus *différente* de ce qui la meut, d'autant plus recueillie en son autonomie, que plus investie par l'action de ce moteur, intentionnellement et inchoativement *identifiée* à son moteur surnaturel. Et c'est en cela qu'il est nécessaire de parler de contre-division, laquelle signifie ici tout le contraire d'une opposition ou d'un conflit, mais bien plutôt indique une distinction ; *la distinction entitative entre nature et grâce est d'autant plus accusée que la nature est mieux conformée aux réquisits de la grâce.* Elle est invitée à se distinguer d'autant plus radicalement de son moteur qu'elle lui est plus fidèle. Et cela se comprend en fait :

Une cause est d'autant plus puissante qu'elle est plus capable de produire des effets qui sont aussi des causes, au lieu d'être de simples effets. Or une cause est d'autant plus puissante dans l'ordre de la causalité qu'elle conditionne plus étroitement le contenu de ses effets. Donc elle les rend d'autant plus capables de causalité qu'ils consentent plus, par tout eux-mêmes, à être

ses effets. Or le maximum de l'exercice de la causalité est l'autonomie de l'acte volontaire. Donc la causalité d'une cause créée
est d'autant plus parfaite que cette cause créée consent plus
docilement à se laisser mouvoir par la Cause incréée ; or plus le
pouvoir de causalité d'un être est parfait, plus cet être est autonome ; donc plus un être est surnaturellement mû, plus il est
autonome : la surnature perfectionne bien la nature jusque dans
son ordre propre. De même, la volonté est d'autant plus autonome que plus étroitement conditionnée par la cause de la
volonté même, par l'efficience du Donateur de ce don qu'il
donne à lui-même, ainsi de ce don qui est identiquement son
propre donataire : plus le donataire plébiscite l'œuvre du Donateur, plus il est donné à lui-même, ainsi libre, par là autonome.
Dès lors, si les deux effets de la surnature (surélever et soigner)
sont indissociables et concomitants, l'émergence historique de
la restauration est postérieure à l'acte de l'élévation, elle est pro-
cessuelle, elle est un travail d'assimilation du don surnaturel
reçu ; la nature n'est pas passivement surélevée, *elle est invitée à
coopérer, par le perfectionnement qu'elle reçoit et l'autonomie crois-
sante qu'elle en acquiert, à sa propre élévation ; et si la nature est
convoquée dans la fructification des dons surnaturels, et d'autant
plus convoquée qu'ils sont plus abondants, c'est qu'elle est exaltée
dans son ordre propre à proportion de leur abondance.* La foi est
reçue dans un acte simple, il y a des degrés dans l'intensité de la
foi, mais il en est de la foi comme il en est de ce qu'Aristote dit
du plaisir : il est acte, il est immédiatement tout ce qu'il peut
être, ou il n'est pas ; il y a des degrés (du mouvement quantitatif)
dans le plaisir, mais le plaisir n'est pas le terme d'un mouvement. La foi est acquise dans un acte, puis le progrès dans l'intelligence de la foi peut relancer la foi, il peut contribuer à la
perfectionner, mais elle n'est pas elle-même le terme d'un progrès. Et plus l'intelligence de la foi progresse, plus la raison s'affirme, dans un processus qui, au vrai, s'achève dans la Vision,
là où la foi passera ; elle passera par maximisation d'elle-même
(la foi est d'autant plus grande que l'on s'approprie plus aux

réquisits de la Vision), elle sera supprimée en tant que radicalisée. Il en est de même de manière plus générale — *mutatis mutandis* — pour la grâce. L'aspect ou le don créé de la grâce sanctifiante résulte de la communication de l'Esprit-Saint à l'essence de l'âme, laquelle communication pose en l'âme une détermination (créée) disposant l'âme à vivre de la vie même de Dieu (aspect ou don incréé de la grâce) ; la lumière de gloire, fruit de la grâce, est la communication de l'Intelligible divin à la puissance intellective, qui pose en elle une détermination créée disposant l'intellect — quand Dieu se fait la forme qui actualise l'intellect et le rend déiformé — à l'intellection de l'essence divine. Or, dans les deux cas, celui de la foi et celui de la grâce, *loin de se substituer aux puissances naturelles, l'intromission des dons surnaturels (vertus théologales et grâces) exalte ces puissances et — sans jamais violenter les limites que leur imposent leurs natures respectives de créatures — les perfectionne jusque dans leurs ordres naturels propres, puisqu'elle convoque leurs initiatives à proportion qu'elle les arraisonne.* Le progrès dans l'assimilation du don est — sinon selon le temps, à tout le moins selon la causalité — consécutif au don lui-même, quand bien même il rend possible en retour un accroissement du don.

Par ailleurs, le monde antique n'était pas l'état de pure nature (Adam fut créé en état de grâce), il était l'état de la nature déchue après sa surélévation originaire, en attente impuissante de son Sauveur et restaurateur divin. Il reste qu'il était ce qui permet de concevoir ce qu'eût été l'état de pure nature, puisqu'il s'agissait d'un état de la nature humaine ignorante et/ou oublieuse des vérités auxquelles la foi donne accès. Et ce monde païen a illustré, certes imparfaitement mais de manière grandiose, riche d'enseignements, les grandeurs auxquelles l'ordre naturel est en mesure de parvenir par lui-même. Il a en particulier fourni les concepts requis pour l'explicitation du dogme catholique.

Mais il a aussi manifesté que l'ordre politique naturel accompli n'est pas sans le plébiscite d'une vie nationale : *les communautés antiques étaient non des liens de fidélité dynastique mais des nations* ; le pouvoir politique, dans sa différence réelle d'avec les pouvoirs domestique, despotique et religieux, était parfaitement connu et réalisé. *Il en résulte — s'il est vrai que la surnature ne détruit pas la nature mais la perfectionne, et la perfectionne au point de l'inviter à se contre-diviser à elle — qu'il était dans l'ordre que l'organisation politique du monde initiée par la christianisation des peuples, en vînt à se conférer une forme nationale.* Il n'est pas contradictoire que plusieurs nations soient structurées par un même État, mais il devient impossible qu'une même nation destinée à durer, ainsi méritant d'exister au nom de l'excellence et de l'universalité des caractères qui la définissent, soit éclatée en plusieurs États.

Les chemises noires de Mussolini font suite aux chemises rouges de Garibaldi pour lequel, dit-on, fut créé le 97e degré du rite Memphis Misraïm. Cavour, Premier ministre du roi de Piémont-Sardaigne, père de la patrie italienne avec Garibaldi et Mazzini, était franc-maçon et anticlérical. Mazzini entendait créer une Italie italienne, après l'Italie des Romains et celle des catholiques, une « *terza Italia* » républicaine. Et même l'abbé Vincenzo Gioberti, d'abord soucieux, selon la théorie néo-guelfiste, de faire se réaliser l'unité italienne par le pape (Pie IX le surnomma sous ce rapport « père de la patrie »), en viendra à l'idée que cette unité doit se faire sous l'égide de la Maison de Savoie, mais il sera mis à l'Index par Pie IX. Dans ces conditions, ne faut-il pas se rendre à l'évidence, avec Metternich, que l'Italie doit demeurer, dans l'intérêt des trônes catholiques d'Europe, de la catholicité de ces trônes, et de l'indépendance du pape, une « simple expression géographique » ? Et les États pontificaux, supposés requis par l'indépendance du Saint-Siège, n'excluent-ils par l'unité de l'Italie ? N'est-on pas en demeure de sacrifier les exigences immanentes de l'ordre naturel à celles, transcendantes, de sa fin surnaturelle ? Par là, le fascisme, en tant qu'héritier du Risorgimento, n'est-il pas, dans son refus de sacrifier l'unité de la nation aux besoins historiques de l'Église, par essence anticatholique ? Du « *non possumus* » de Pie IX au « *non expedit* » de Léon XIII (repris de Pie IX), l'Église n'a-t-elle pas tranché ?

Si les démonstrations qui précèdent ont quelque valeur, il convient — bien au contraire — de discerner, dans le fascisme, l'entreprise réussie de récupération d'idées vraies et de restauration de l'ordre naturel, toutes choses appelées par l'ordre surnaturel. Il est nécessaire de reconnaître que les dépositaires historiques de cet ordre surnaturel, ayant négligé d'actualiser l'infrastructure naturelle — ainsi philosophique et politique — appelée par l'ordre surnaturel, se sont fait balayer par des antichrétiens dont l'œuvre et les principes confisquaient en les adultérant les idées nécessaires à la pérennité de ce qu'il y avait de meilleur dans les régimes catholiques traditionnels.

Quand les héritiers d'un bien précieux sont incapables d'accoucher des moyens nécessaires à sa pérennité et à sa croissance, ils se le font détruire par les spoliateurs usant de ces moyens mêmes — qu'ils dérobent aux premiers, lesquels ne s'en savaient pas possesseurs — en les retournant contre leurs détenteurs légitimes.

Quand les héritiers de la Chrétienté se révèlent incapables de dévoiler et d'actualiser des principes objectivement inscrits dans leur propre corpus doctrinal, ils se les font dérober par les ennemis de la Chrétienté qui les dénaturent et les retournent contre les premiers, lesquels, n'ayant rien compris du processus qu'ils vivaient, s'obstinent à discerner, dans de tels principes, l'œuvre délétère de leurs ennemis.

Il arrive parfois, dans l'histoire, que la victoire du mal non seulement se révèle *a posteriori* nécessaire au discernement des conditions qui eussent été requises pour prévenir l'avènement du mal, mais encore que les méchants victorieux en viennent en dernier ressort, après que les soldats du bon combat se sont réapproprié leur propre héritage, à succomber sous les coups des principes qu'ils avaient par accident rendus manifestes. Le fascisme est l'illustration contemporaine privilégiée de ce processus dialectique en forme de « ruse de la raison ». On peut en dire autant du processus historique allemand : « Quand il s'avère que la Prusse bismarckienne réalisera l'unité allemande, les libéraux cessent de s'opposer à l'autocratie de Berlin. Même Lassalle <socialiste> entretient avec Bismarck les relations les plus cordiales » (*Hitler et le nazisme*, PUF, Que sais-je ?, Claude David, 14ᵉ édition, 1996, p. 53).

Dans *Les Fondements historiques du national-socialisme* I, I (*Les racines du conservatisme révolutionnaire*, Paris, Le Rocher, 2002, p. 33), Ernst Nolte rappelle que si le nationalisme demeura « pour l'ancienne école des conservateurs, les esprits religieux et les monarchistes, une manifestation de la révolution maudite », « la résistance à Napoléon avait pris, en Espagne, en Allemagne et en Russie, les traits d'une "lutte de libération nationale" », tout comme au reste en France, avec l'épopée de sainte Jeanne d'Arc, lors de la guerre de Cent Ans : c'est en tant qu'opposant à l'héritage révolutionnaire du jacobinisme que cette résistance au soldat de la Révolution fut nationaliste, et on voit mal sous ce rapport que le nationalisme puisse procéder de ce qu'il conteste et en la contestation de quoi il se révèle ; ce n'est pas de la révolution jacobine que le nationalisme tient son essence, c'est de ce dont la révolution était la négation, mais qui, avant elle, n'était pas conscient de lui-même ; le jacobinisme ne fut pas le fondement de l'esprit nationaliste, il en fut le catalyseur accidentel ; et le libéralisme n'est pas intrinsèquement solidaire du principe des nationalités, il ne fut revendiqué pour le promouvoir que parce qu'il était la manière historique — certes bien maladroite — dont les partisans des nations crurent bon de s'opposer aux conservateurs légitimistes qui — quant à eux — ne voulaient rien entendre du principe national. Et Nolte de rappeler que Hitler aimait à se dire « révolutionnaire anti-révolution », au nom de son opposition radicale aux principes de 89. On en peut dire autant, au moins, de Mussolini, dont le socialisme et le syndicalisme révolutionnaire furent ce que fut pour Barrès — méchamment et stupidement brocardé par Bloy l'enjuivé solennel — son culte du Moi : quand le Moi s'approfondit et entre en lui-même, il s'aperçoit que le fond du Moi n'est pas seulement moi, mais aussi le passé, les ancêtres, la race, l'esprit du peuple, la nature humaine elle-même, de sorte que l'individualisme, intrinsèquement contradictoire, se sublime par sa radicalisation même en anti-individualisme, et en anti-individualisme désormais autrement plus robuste, conceptuellement parlant — parce que devenu conscient de lui-même et possesseur des raisons qui le justifient —, que celui qui avait précédé l'avènement de l'individualisme.

« (…) le fascisme est contraire à toutes les abstractions individualistes, à base matérialiste, genre XIXᵉ siècle ; (…) il est contraire à toutes les utopies et à toutes les innovations jacobines. Il ne croit pas à la possibilité du "bonheur" sur la terre, comme le voulait la littérature du XVIIIᵉ siècle » (Mussolini, *La Doctrine du fascisme*, Éditions du Trident, 1987, p. 14). « Ni individus, ni groupes (partis politiques, associations, syndicats, classes) en dehors de l'État. Le fascisme s'oppose donc au socialisme, qui fige le mouvement historique dans la lutte des classes, et ignore l'unité de l'État qui fonde les classes en une seule réalité économique et morale ; et de même il est contre le syndicalisme de classe. Mais le fascisme veut que, dans l'orbite de l'État, les exigences réelles qui donnèrent naissance au mouvement socialiste et syndicaliste soient reconnues, et il les fait valoir dans le système corporatif où ces intérêts s'accordent avec l'unité de l'État » (*id.* p. 16). « (…) le fascisme accepte, aime la vie, ignore le suicide et y voit une lâcheté » (*id.* p. 29). « Après le socialisme, le fascisme bat en brèche tout l'ensemble des idéologies démocratiques et les repousse, tant dans leurs prémisses théoriques que dans leurs applications pratiques. Le fascisme nie que le nombre, par le seul fait d'être le nombre, puisse diriger la société humaine ; il nie que ce nombre puisse gouverner, au moyen d'une consultation périodique ; il affirme l'inégalité irrémédiable, féconde et bienfaisante des hommes, qui ne peuvent devenir égaux par un fait mécanique et extrinsèque tel que le suffrage universel. On peut définir ainsi les régimes démocratiques : ceux dans lesquels on donne de temps en temps au peuple l'illusion d'être souverain, alors que la souveraineté véritable et effective réside en d'autres forces, parfois irresponsables et secrètes. La démocratie est un régime sans roi, mais avec de très nombreux rois parfois plus exclusifs, plus tyranniques et plus ruineux qu'un seul roi qui serait un tyran » (*id.* p. 33). Cela dit : « Les négations fascistes du socialisme, de la démocratie, du libéralisme, ne doivent cependant pas faire croire que le fascisme entend ramener le monde à ce qu'il était avant 1789, date qui est considérée comme l'année d'inauguration du siècle démo-libéral. On ne revient pas en arrière. La doctrine fasciste n'a pas choisi De Maistre pour prophète. L'absolutisme monarchique a fait son temps, au même titre que l'"ecclésiolâtrie", que les privilèges féodaux ou les castes fermées à cloisons étanches » (*id.* p. 38-39). « Nous représentons un principe nouveau dans le monde, nous représentons l'antithèse nette, catégorique, définitive de la démocratie, de la ploutocratie, de la maçonnerie, en un mot, de tout le monde des immortels principes de 1789 » (Mussolini, *Pour l'installation du nouveau Directoire national du Parti*, 7 avril 1926 ; dans *Scritti e Discorsi*, vol. V, Milan, Hoepli, 1934, p. 307). « La paix entre le Quirinal et le Vatican est un événement d'une importance capitale, non seulement pour l'Italie mais aussi pour le monde. Pour les Italiens, il suffira de rappeler que le 11 février 1929, le Royaume d'Italie a été finalement et solennellement reconnu par le Souverain Pontife sous le sceptre de la Maison de Savoie, avec Rome comme Capitale de l'État italien. De notre côté, nous avons reconnu loyalement la souveraineté du Saint-Siège, non seulement parce qu'elle existait en fait, non seulement en raison des proportions presque insignifiantes du territoire demandé, proportions qui ne diminuent en rien son autre grandeur, mais surtout parce que nous sommes convaincus que le Chef suprême d'une religion universelle ne peut être sujet d'aucun État, sous peine de déchéance de la catholicité, synonyme d'universalité » (Mussolini, *Discours à la première Assemblée quinquennale du Régime*, 10 mars 1929).

Il n'est nullement de l'essence même de l'Église, tant comme société parfaite que comme Corps mystique du Christ ou « Jésus répandu et communiqué » (Bossuet), de posséder des territoires pontificaux étendus. L'Église a un pouvoir légitime immédiat, en matière morale, sur tous les catholiques ; elle est dans son rôle quand elle condamne, pour des raisons religieuses, les chefs indignes, et quand elle invite leurs peuples à se rebeller contre eux (tel est son pouvoir politique indirect, qui est ainsi négatif) ; elle n'est nullement dans son rôle quand elle prétend diriger politiquement les chefs politiques, ou se faire chef politique d'un État propre au détriment d'autres États naturels.

Nous nous demandions : « Comment peut-on sans contradiction se déclarer fasciste et catholique ? » Force est de conclure, après avoir pris acte de ce qui précède — et quand bien même certains aspects du fascisme historique appelaient certains amendements et maturations au regard du catholicisme intègre :

Comment peut-on, sans esprit chimérique grevé d'incohérence et de rêveries capricieuses et butées, se dire catholique sans être fasciste ?

Joseph Mérel

BIOGRAPHIE DE L'AUTEUR

MISCIATTELLI, **Piero**, marquis. — Intellectuel italien né à Florence le 14 février 1882, d'une famille milanaise installée en Ombrie (Castello di Montegiove) à la fin du XVIe siècle, mort à Rome le 13 février 1937.

Il consacra une grande part de ses travaux à la littérature médiévale, en particulier mystique, (*Idealità francescane*, Turin, 1909 ; *Mistici senesi*, Sienne, 1911 ; *Lettere di S. Caterina, ibid.*, 1913 ; *Pagine dantesche, ibid.*, 1921 ; *Savonarola*, Milan, 1928 ; *Caterina Vannini, ibid.*, 1932) ainsi qu'à l'histoire et l'art siennois (*Studi senesi*, Sienne, 1931). Il publia également des essais et ouvrages sur divers autres sujets (*Fascisti e Cattolici*, Milan, 1924 ; *Virgilio*, Sienne, 1930 ; *Poesie, ibid.*, 1934 ; *Lettere di Letizia Buonaparte*, Milan, 1936).

Il créa en 1908 avec F. Bargagli Petrucci et P. L. Occhini la revue *Vita d'arte*. En 1926, il fonda à Sienne *La Diana* et inaugura à l'université la Chaire d'études catheriniennes. Il eut à Rome des activités liées à l'art et, en tant que recteur, rouvrit l'Oratoire des Philippins aux concerts de musique sacrée et aux conférences. Il fut par ailleurs l'un des promoteurs du musée Maison de Dante. Membre, à partir de 1930, du Centre européen de la Fondation Carnegie, président de l'Académie royale des beaux-arts de Rome, il fut nommé conservateur du Musée napoléonien deux jours avant sa mort.

LA MADONNA DEL MANGANELLO[1]

La Madonna del manganello est une représentation iconographique de la Très Sainte Vierge Marie apparue dans les années trente en Calabre (à Monteleone, future Vibo Valentia, et à Nicastro, aujourd'hui Lamezia Terme). Elle fut adoptée par les membres du Parti fasciste qui l'élurent d'abord « patronne des squadristes » puis « protectrice des fascistes ».

Cette représentation s'inscrivait dans un esprit clérico-fasciste voulu par une fraction du clergé et le régime lui-même mais ne bénéficia toutefois jamais d'une reconnaissance ecclésiastique officielle. Elle eut pour prédécesseur le célèbre panneau de la *Madonna del fascio* présenté, avant d'être offert à Benito Mussolini, à l'Exposition internationale de Milan en 1927 et actuellement conservé à Predappio. Très similaire est la figure de la *Madonna del buon ritorno*, une image sacrée créée en 1942 pour les soldats par le religieux Don Gabriele Virgilio, qui fut proclamée patronne des disparus et des anciens combattants. Dans le contexte de ce courant clérical, peuvent également être mentionnées les nombreuses « prières pour le Duce » qui furent composées dans ces années et diffusées au dos d'images pieuses.

Une statue de la *Madonna del manganello*, réalisée en papier mâché coloré par le sculpteur Giuseppe Malecore, fut érigée dans une église de Monteleone. Elle représentait une Vierge à l'enfant dans l'attitude typique de la *Madonna del Soccorso* qui, alors qu'elle soutient Jésus du bras gauche, brandit un bâton noueux avec sa main droite. Le gourdin de la *Madonna del manganello* peut être vu comme le symbole de la force résultant de l'union de l'Église et de l'État fasciste. Aux pieds de la Sainte Vierge se tenait debout un deuxième enfant. Des images pieuses, largement diffusées, furent éditées à partir de photographies de la statue qui fut détruite à la fin de la Seconde Guerre mondiale.

---

[1] D'après Wikipédia en italien pour l'essentiel.

TABLE DES MATIÈRES

Septembre 2018
Reconquista Press
www.reconquistapress.com

www.ingramcontent.com/pod-product-compliance
Lightning Source LLC
Chambersburg PA
CBHW050729030426
42336CB00012B/1476